Alain Héril
Dominique Mégrier

60 exercices d'entraînement au théâtre

à partir de 8 ans

à l'attention des instituteurs, professeurs et animateurs

RETZ
1, rue du Départ
75014 PARIS

Remerciements

Les 60 exercices qui composent ce livre sont le fruit d'un travail de formation et d'animation que nous effectuons depuis maintenant plus de dix années. Nous en avons inventé certains, nous en avons adapté d'autres.

Il nous paraît normal de remercier ceux qui, au travers d'un grand nombre d'exercices répertoriés ici, nous ont fait découvrir et aimer la matière théâtrale : merci donc à Fernando SANCHEZ, Margarita FISCHER, Tato JURADO et Paloma COBOS.

Nous tenons également à remercier ceux avec qui nous avons expérimenté au cours de ces années cette recherche et avec qui nous continuons à travailler : ce livre est donc dédié à Chrystelle DURAUD, Typhen LIMON et Jean-Marc ROYON ainsi qu'à celles et ceux qui nous font confiance au cours des stages que nous animons.

Les auteurs

Conception graphique : Studio Primart
Composition et mise en pages : Arts Graphiques Drouais
Édition : Hélène Baron, Lise Rubinstein
Coordination éditoriale : Nathalie Autret

SOMMAIRE

PRÉFACE

En France, théâtre et enseignement, c'était véritablement une vieille liaison qui sombrait même dans le concubinage notoire quand, tout récemment, l'Institution se décida à régulariser la situation.

À chaque fois que l'on veut tenter de faire le récit de cette longue aventure, on évoque inévitablement le club-théâtre de Madame de Maintenon à Saint-Cyr pour lequel la dévote marquise commanda à Racine, *Esther et Athalie*, afin d'inculquer quelques notions d'Histoire sainte aux oies blanches dont elle avait la garde. On aime aussi à rappeler les 10 % pédagogiques des collèges de jésuites, durant lesquels ces fins professeurs faisaient apprendre à leurs disciples tragédies grecques et comédies latines.
Ces illustres pionniers avaient compris que l'exercice théâtral pouvait être le moyen de faire passer certaines pilules, mais ils étaient, sans doute, bien loin de considérer l'art dramatique comme une discipline à part entière et d'en soupçonner les qualités formatrices.

Il y a un peu plus de cent ans, l'enseignement public, laïque et obligatoire, faisait ses premiers pas; on eût pu penser, alors, que le théâtre à l'école se serait débarrassé de l'anathème que l'Église (qui pourtant, comme nous l'avons vu, n'hésitait pas à le faire pratiquer à ses ouailles) avait lancé contre lui... Il n'en fut rien, et le théâtre bien rangé au rayon des belles-lettres, continua à n'être envisagé que comme une stratégie possible de l'approche des nobles disciplines.
Cependant, à l'occasion des fêtes de fin d'année, se développait largement une pratique où le papier crépon le dispute aux perruques de coton et où les familles émues peuvent vibrer aux prestations cahotantes de leurs rejetons endiablés.

Depuis quelques années les choses ont bougé, et le théâtre au sein du système éducatif parvient à s'évader des deux cages qui le limitaient : la cage dorée des études littéraires et la cage rustique des représentations données avec les élèves à l'imitation d'un théâtre ancien dont le folklore est aujourd'hui périmé.
Cela n'aura pas été sans hésitations (le théâtre a toujours une vague odeur de soufre), ni sans maints tâtonnements dont le roman serait trop long ici, mais grâce à d'innombrables ouvrages, thèses, articles de journaux louant les vertus de l'expression dramatique dans la formation de l'ado-

lescent; certains de ces textes faisant même du théâtre le remède à tous les maux dont souffre l'Éducation nationale (gardons-nous d'aller trop loin!). Des écrits, qui laissaient encore quelques sceptiques : « pourquoi voulez-vous à tout prix débloquer les élèves? Comme si on n'avait pas assez de mal à les tenir comme ça! » ou encore : « du théâtre! Vous ne trouvez pas qu'ils en font suffisamment à longueur d'année! » (réflexion qui montre à la fois un mépris des élèves et du théâtre).

Aujourd'hui c'est fait, Dionysos a fait son entrée officielle dans la noble institution, et non seulement dans le cadre souple de projets d'action éducative ou des ateliers de formation artistique mais encore dans celui d'un enseignement spécifique, l'option A3 : *Théâtre et expression dramatique.*

Installer de nouvelles pratiques et fonder un nouvel enseignement, c'est une chose, encore faut-il trouver des maîtres et songer à leur formation.
L'action conjuguée du ministère de l'Éducation nationale et du ministère de la Culture qui ont cessé de se regarder comme chien et chat au point de n'être plus aujourd'hui qu'un seul établissement, a abouti à de multiples actions de formation des enseignants : stages nationaux ou académiques, ateliers et expériences diverses menées en partenariat, universités d'été...
Mais de retour dans son école ou dans son lycée, seul devant ses élèves, l'instituteur ou le professeur sent encore qu'il a besoin d'aide et de conseils; c'est, je crois, ce rôle que pourra tenir l'ouvrage de Dominique Mégrier et d'Alain Héril; outre qu'il comble un manque (peu de manuels de ce type ont été publiés), il est tout autant le résultat d'expériences menées pendant de nombreuses années avec des adolescents que celui d'une réflexion approfondie sur une méthode possible de l'approche du jeu théâtral à l'école. Cette femme et cet homme, passionnés par la pédagogie, nous livrent ici leurs secrets. Celui qui les lira pourra à son choix suivre scrupuleusement l'itinéraire proposé, ne retenir que certains exercices ou bien encore s'en inspirer pour en réinventer d'autres...

Yves STEINMETZ
Professeur responsable des sections A3 « Théâtre » au lycée Lamartine et au Lycée Molière à Paris. Chargé de cours à l'Institut d'études théâtrales de Paris III-Nanterre.

AVANT-PROPOS

LE THÉÂTRE ET L'ÉDUCATION NATIONALE

Rappelons que depuis 1983, suite à un accord signé entre les deux ministères de la Culture et de l'Éducation nationale, ont été créés pour le second cycle une option appelée *Expression dramatique* puis *Théâtre et expression dramatique* ainsi qu'un baccalauréat spécifique en 1986. Dans les écoles élémentaires, l'enseignement du théâtre ne fait pas partie des disciplines obligatoires (seuls les arts plastiques et l'éducation musicale entrent dans cette catégorie). Néanmoins, les programmes officiels font état de la nécessité de ne pas en rester là et divers dispositifs ont été mis en place : PAE (projet d'action éducative), classes d'initiation artistique (circulaire d'avril 1988) et depuis peu des ateliers de pratiques artistiques dans lesquels le théâtre est abordé.

LE THÉÂTRE ET L'ÉCOLE

Pourquoi pratiquer le théâtre à l'école, au collège? Pourquoi encourager les professeurs, instituteurs et animateurs qui se sentiraient l'envie de créer de tels ateliers dans leur établissement ou structure?
J.-P. Rynghaert (professeur, formateur, metteur en scène) nous donne trois réponses :

– « Pour former des êtres humains, sensibles, réceptifs, ouverts », capables de recevoir et de donner; le théâtre s'inscrivant ici dans un processus de socialisation.
– « Pour former des citoyens porteurs d'un regard critique sur le monde », le théâtre agissant ici comme un vase d'expansion et d'ouverture.
– « Pour former des spectateurs avertis ».

L'animateur aura donc pour rôle, outre celui de mener un atelier pendant ou en dehors de ses heures de cours, d'accompagner ses élèves à des spectacles, d'organiser des « tables rondes » autour de ces spectacles en y invitant metteurs en scène, techniciens, comédiens... et développer ainsi le sens critique de ces jeunes. Pour faciliter ce travail, il faut donc recourir aux différents partenariats qui peuvent exister : troupes locales, services culturels, centres d'action culturelle, centres culturels municipaux, médiathèques, bibliothèques municipales, maisons de quartier, etc.
Il est nécessaire cependant de s'interroger et de souligner la singularité d'un tel enseignement car, sous couvert de « théâtre », on peut parler, expérimenter et avoir recours à des pratiques qui n'ont plus rien à voir avec lui.
Il faut donc, comme nous le rappelle l'acte de la commission rectorale d'étude « théâtre et enseignement » de l'académie de Paris : « définir des objectifs pédagogiques propres à la pratique du théâtre non pour former des comédiens mais bien pour ce qui est de la formation de la personnalité et de l'entraînement à la communication ».

LE THÉÂTRE ET L'ENFANT

Notre propos est plus celui du « jeu dramatique » qui met l'accent sur le processus, sur le jeu en train de se faire, que sur le produit réalisé. Le théâtre est une pratique sociale que chaque enseignant adaptera à son groupe en fonction de celui-ci, avec sa propre personnalité; alors seulement, un « produit » pourrait éven-

tuellement voir le jour (par éventuellement, nous entendons « seulement si » le chemin a été parcouru).
Bien sûr, il demeure évident pour nous que théâtre et représentation finale restent indissolubles, néanmoins la représentation ne peut en aucun cas être l'objectif premier de tels ateliers en milieu scolaire.

Quel est donc ce chemin à parcourir? Que peut-on apprendre à nos élèves ? Que doit-on leur apprendre ?

Apprendre à écouter : accepter de « faire le vide » en soi et autour de soi, pour apprendre à être attentif. Car sans écoute de soi et des autres le théâtre ne peut exister.

Apprendre à se risquer à... Le théâtre ne peut être une pédagogie du modèle, mais un travail de création s'inscrivant dans la proposition concrète et le risque, tout en ne perdant pas de vue que l'être est pris tel qu'il est avec ses propres caractéristiques.

Apprendre l'espace et les espaces : ceux qui s'inscrivent hors du quotidien.

Apprendre à connaître son corps : faire qu'il devienne l'instrument par lequel toute créativité passera. Le corps et la voix étant au comédien ce que le violon est au violoniste.

Apprendre à développer sa sensibilité : et donc accepter d'avoir des émotions et de les partager.

Apprendre à travailler son imaginaire : Antoine Vitez disait : « Le théâtre ne parle pas d'ici et maintenant mais d'ailleurs, autrefois. » Imaginons et recherchons ensemble cet « ailleurs, autrefois ».

Apprendre l'humilité : accepter de ne rien savoir au départ car au théâtre il n'y a pas de « bonnes ou mauvaises réponses » mais une perpétuelle et constante recherche; la recherche du comédien étant celle du « comment » et non celle du « pourquoi », cette dernière étant à notre sens celle du metteur en scène.

Apprendre à se regarder : s'écouter, se connaître mais aussi regarder, écouter et connaître le monde autour de soi. Développer cette réceptivité que chaque être humain possède en lui mais que l'agitation de la vie courante annihile.

Apprendre le collectif : « que sans les autres, mes propositions restent vaines ». Donc il faut apprendre aussi à avoir une vision non hiérarchisée du groupe où chaque individu peut s'exprimer tel qu'il est tout en laissant les autres s'exprimer tels qu'ils sont, sans jugement ni comparaison et, à partir de là, rechercher une mise en œuvre d'expression commune.

Apprendre la rigueur : et bannir ces idées préconçues que l'art et l'artiste ne voient le jour que dans le fantasque, le malheur, la douleur où tout est permis même le « n'importe quoi » (idée d'ailleurs entretenue par certains artistes eux-mêmes !).

Apprendre différentes formes de langages : si le théâtre est un art du langage, il est bien celui d'un langage multiple. L'intérêt du théâtre est qu'il est porteur de plusieurs modes d'expression simultanés : celui du geste, de la parole, du rythme, de l'espace, des éléments plastiques, et c'est à partir de là qu'il devient si enrichissant.

CONSEILS D'UTILISATION

CONSEILS AU MENEUR

Imagination et concentration À travers tous les exercices qui vont suivre nous tenterons (et vous tenterez) de développer l'imagination des participants au maximum, en essayant de les placer le plus souvent possible dans des situations extraordinaires et de développer leur pouvoir de concentration, celle-ci étant la première condition à tout apprentissage.

Don Tous les exercices seront faits dans la joie, le don, la bonne humeur, la rigueur, le respect, l'humilité; c'est au meneur de susciter cela chez les participants.

Confiance Le meneur aura comme règle de ne jamais mettre les participants en « danger » (moral, psychique ou physique) mais bien dans un climat de perpétuelle et mutuelle confiance.

Pratique Il nous paraît indispensable que l'instituteur, le professeur ou l'animateur qui voudrait mener la conduite d'un atelier théâtral, pratique ou ait pratiqué lui-même le jeu dramatique.

Progression Tous les exercices qui suivent pourront être repris à différents moments de l'année, selon l'évolution du groupe, et approfondis au gré du meneur.
Partant du principe qu'aucun art ne peut atteindre la

perfection, l'exécution et la réalisation des exercices ne peut en être qu'une constante et perpétuelle recherche. Le chemin parcouru pour l'atteindre étant plus important que la perfection elle-même.

Imagination Pendant une séance de travail, le meneur devra être attentif aux propositions (verbales ou non) des participants. Car, même si une séance se prépare, se prévoit, son « contenu » n'est jamais le même, et le meneur devra l'exploiter par son invention, son animation, ses commentaires et son extrême vigilance.

Spectateurs Pour certains exercices, le participant les exécutera seul. Il nous paraît indispensable que le groupe se place face à lui, en tant que spectateurs, et l'aide par sa propre concentration. Cette situation étant ce que nous appelons : « les fondations de l'édifice théâtral » : un acteur, un spectateur, un lieu.

Observateur Il peut être intéressant, au cours de certains exercices, que l'un des participants puisse avoir un regard extérieur à l'instar du meneur, et connaisse sous un autre angle les personnes avec qui il travaille.

Textes Les textes cités ne sont donnés qu'à titre d'exemples mais libre à vous d'appliquer les exercices à d'autres textes ou situations théâtrales.

Âge Ce travail est destiné à un public d'âge scolaire à partir de 8 ans mais peut tout aussi bien être suivi par un public d'adultes débutants.

Vêtements On demandera aux participants de ne pas porter leur tenue de ville mais des vêtements de type jogging, teeshirt, collant, et de n'avoir pas de chaussures, pour être tout à fait libres de leurs mouvements.

LES PICTOGRAMMES

En tête de chaque jeu, une série de pictogrammes résume les caractéristiques de l'exercice :

Conduite de l'exercice

exercice exécuté par couple

exercice exécuté seul face au groupe

exercice exécuté deux par deux

exercice exécuté par tout le groupe

exercice exécuté à deux face au groupe

exercice exécuté par tout le groupe divisé en deux

Domaine abordé

Certains exercices sont placés dans un chapitre mais correspondent également à plusieurs autres chapitres, nous le signalons par :

fait appel aussi à l'écoute

fait appel aussi à la voix

fait appel aussi à la respiration

fait appel aussi à l'espace

fait appel aussi au contact

fait appel aussi au rythme

fait appel aussi au corps

fait appel aussi à l'improvisation

Tranches d'âge

La plupart de nos exercices peuvent être exécutés par des enfants dès l'âge de 8 ans. Lorsque ce n'est pas le cas, et que l'exercice s'adresse plutôt aux tranches d'âge au-delà des 8-12 ans, nous l'avons signalé en précisant au début de chaque exercice les tranches d'âge concernées :

8-12 ans

12-16 ans

à partir de 12 ans

à partir de 16 ans

DEROULEMENT DU TRAVAIL

DÉROULEMENT D'UNE SÉANCE TYPE

Remarques préliminaires

• Durée de la séance : environ 1 h 30

• Nous marquerons à chaque séance un temps « d'entrée » dans le travail et un temps de « fin » de travail.

Enchaînement des exercices

1. Préparation au travail

Les participants et le meneur forment un cercle en se donnant les mains ainsi :

– main droite : paume vers le bas → *elle donne*

– main gauche : paume vers le haut → *elle reçoit*

Demander aux participants de fermer les yeux et de simplement fixer leur attention sur leur respiration, de suivre le chemin que parcourt l'air pour entrer et sortir.

2. Travail physique

– soit un training complet, en musique ou non (p. 31);

– soit 1 ou 2 exercices d'expression corporelle (p. 40).

3. Voix et respiration

– travail de respiration (p. 53);

– travail vocal et de diction (p. 58).

4. Exercices de dynamisation (p. 24)

5. Un exercice sur l'espace (p. 44)

6. Un exercice de contact ou d'écoute et de rythme (p. 69, 83)

7. Exercices de dynamisation (p. 24)

8. Jeu dramatique : travail sur les états (p. 92)

9. Relaxation (p. 120)

10. Fin de séance : demander aux participants de former à nouveau un cercle en se donnant les mains de la même façon qu'en début (le meneur se plaçant parmi les participants), faire retrouver ainsi calme et plénitude au groupe; et pour marquer la sortie du travail, demander aux participants de se lâcher les mains et de faire un pas en arrière.

Un exemple de séance

Une séance peut donc être constituée par une série d'exercices :

1. Préparation au travail (cf. ci-dessus);
2. *le training* (n° 6);
3. *respiration abdominale; articulation/phrases-types* (n° 15 et/ou 19);
4. *les haies* (n° 1);
5. *la chaussure* (n° 10);
6. *le saut de l'ange; le chat et la souris* (nos 28 et 35);
7. *les haies; les ballons de couleur* (n° 1 ou 3);
8. *les statues; les machines rythmiques* (n° 41 ou 49);
9. *détente, lourdeur, chaleur; visualisation* (n° 59 ou 60);
10. Fin de séance (cf. ci-dessus).

Bien entendu, cette séance est un modèle de début d'année mais elle n'a rien de figé et vous pouvez (devez) faire évoluer le travail en fonction des besoins de votre groupe, et faire une séance plus axée soit sur :
- le travail individuel;
- le travail de groupe;
- le travail de contact;
- le travail d'improvisation.

TRAVAIL SUR TROIS JOURS

Vous disposez de trois jours pour encadrer une activité théâtrale. Nous vous proposons un déroulement progressif, à raison d'une moyenne de 6 heures par jour, avec en fin de « session » une improvisation collective qui en elle-même peut être l'objectif de ces trois jours et tenir lieu de représentation de fin de « stage ».

Nous conseillons à l'animateur de respecter les temps de pause indiqués dans la progression. Celle-ci peut paraître intensive mais c'est de cette intensité que naîtra l'imagination, la recherche et le bonheur de créer, en fin de stage, cette mini-production que peut être l'improvisation collective.

Premier jour

- Les haies (n° 1).
- Jeux de regards (n° 29).
- La mer et la montagne (n° 4).
- La file indienne (n° 34).
- La chaussure (n° 10).
- Le miroir (n° 31).
- Les mous et les durs (n° 32).
- Ne me quitte pas (n° 24).
- Allô maman (n° 2).
- Le défilé (n° 40).
- Le caillou (n° 5).

Pause

- Les marches (n° 9).
- Respiration abdominale (n° 15).
- Le mur humain sonore (n° 20).
- La mer et la montagne (n° 4, prolongement).
- Diamonologue (n° 37).
- Relaxation (p. 120).

Deuxième jour

- Training (n° 6).
- Caisses de résonance (n° 23).
- La chaise (n° 11).
- Les planètes en folie (n° 13).
- Le chat et la souris (n° 35).
- L'aveugle (n° 25).
- Le saut de l'ange (n° 28).
- Danser l'autre (n° 36).
- Relaxation (p.120).
- Les haies (n° 1).
- Respiration (p. 53).

Pause

- Articulation/phrases-type (n° 21).
- Les statues (n° 41).
- Expression en 6 numéros (n° 45).
- Les 36 personnages (n° 50).
- Être ou ne pas être une chaussure (n° 46).
- Le caillou (n° 5).

Troisième jour

- Training, en musique (n° 6, prolongement).
- Jeux de regards, en musique (n° 29).
- Respirations chronométrées (n° 17).
- Le culbuto (n° 27).
- Bonjour à distance (n° 14).
- Du jour à la nuit (n° 43).
- Dans tous ses états (n° 42).
- Machines rythmiques (n° 49).
- Relaxation (p. 120).

Pause

- Les ballons de couleur (n° 3).
- Allô maman (n° 2).
- Les 36 personnages (n° 50).
- Le mentir vrai (n° 51).
- Les petits papiers (n° 52).
- Relaxation (p. 120).
- Improvisations collectives (n° 54).

CONSTRUCTION D'UN « MINI-SPECTACLE » SUR CINQ JOURS

Premier jour

• Exercices de dynamisation (p. 24)
• Exercices de contact (p. 69)
• Exercices sur l'espace (p. 44)
• Jeu dramatique (p. 91)
• Atelier d'écriture (p. 116)

Deuxième jour

• Détermination d'un thème commun d'improvisation. Ex. : « La journée d'un homme d'affaires ». Improvisations autour de ce thème :
  - lever
  - trajets
  - travail
  - rencontres
  - coucher
  - rêves

• La journée doit être consacrée à ce thème (discussions-écriture-imagination...).
• Demander aux participants de rechercher des exemples autour d'eux (presse, télévision, radio...).
• Reprendre en fin de journée quelques exercices de dynamisation.

• Un groupe est chargé d'une revue de presse concernant le sujet pour le lendemain.
• Un autre groupe est chargé d'apporter des costumes et des accessoires.

Troisième jour

• Exercices de voix et de rythme (p. 58 et 83).
• Exercices sur le corps (training) (p. 23).
• Revue de presse (dégager les éléments intéressants).
• Construction du scénario.
• Improvisations avec costumes et accessoires.
• Résolution des problèmes pratiques :
  – qui fait quoi ?
  – durée du spectacle;
  – caractéristiques : caricatural ou pas; triste ou pas dénonciateur ou pas...

Quatrième jour

• Exercices de dynamisation (p. 24).
• Écriture définitive (elle doit être simple et directe et laisser la place à l'improvisation).
• Exercices d'écoute (p. 83).
• Exercices de contact (p. 69).
• Répétition générale du mini-spectacle.

Cinquième jour

• Exercices de dynamisation (p. 24).
• Exercices de contact (p. 69).
• Révision du texte.
• Répétition générale.
• Réglage des derniers petits problèmes pratiques ou techniques. (Attention ! ne pas se lancer dans des éclairages ou dans des décors trop sophistiqués. Réduire l'espace à son minimum « théâtralisable ».)
• Relaxation collective (visualisation du spectacle et de son bon déroulement).

Spectacle.
• Applaudissements, discussion avec le public et les participants.
• Bilan et perspectives éventuelles.

PLAN DE TRAVAIL SUR UNE ANNÉE SCOLAIRE (NEUF MOIS)

Vous avez une classe, un groupe de participants ou un atelier à l'année, vous désirez créer un spectacle en fin d'année : nous vous proposons un plan de travail avec les exercices contenus dans ce livre, que vous choisirez en fonction du groupe ou de la classe que vous avez à animer.

PLAN DE TRAVAIL SUR UNE ANNÉE SCOLAIRE (NEUF MOIS)

NB : ■ INSISTER (à travailler intensément)
▒ RYTHME NORMAL (effectuer un travail de révision et/ou d'entraînement).

	Corps	Espace	Voix respiration	Écoute rythme	Contact	État impro.	Texte lecture mémoris.	Travail personnage	Filage du spectacle	Décors	Costumes
Octobre	■	■	■		■						
Novembre	■	■	■		■						
Décembre	■	■	■	■	■	▒					
Janvier	■	■	▒	■	■	■	▒				
Février	■		▒	■	■	■	▒	▒			
Mars	▒			■	■	■	■	■		■	▒
Avril	▒	▒			■	▒	■	■		■	▒
Mai	▒	▒	▒		■		▒	■	■	▒	■
Juin	▒		▒		■			■	■	▒	■

EXERCICES
EXERCICES
EXERCICES
EXERCICES

EXERCICES

LE CORPS

Le corps est le moyen d'expression le plus puissant qui existe. Alors qu'il est assez facile de se cacher derrière certaines œuvres, de dissimuler dans des peintures, de l'argile, des lignes, des sons, le corps dévoile tout ! Le mouvement et le geste sont le langage le plus révélateur et la véritable personnalité de l'individu se fait connaître quand il bouge. Pour la plupart d'entre nous, cette forme d'expression reste en partie inconsciente mais, au théâtre, elle doit être utilisée consciemment. C'est pourquoi le corps y est soumis à une discipline rigoureuse : pour qu'il devienne un instrument à la fois docile et fort, tout comme l'instrument du musicien. Au théâtre, l'instrument c'est le corps et la voix.

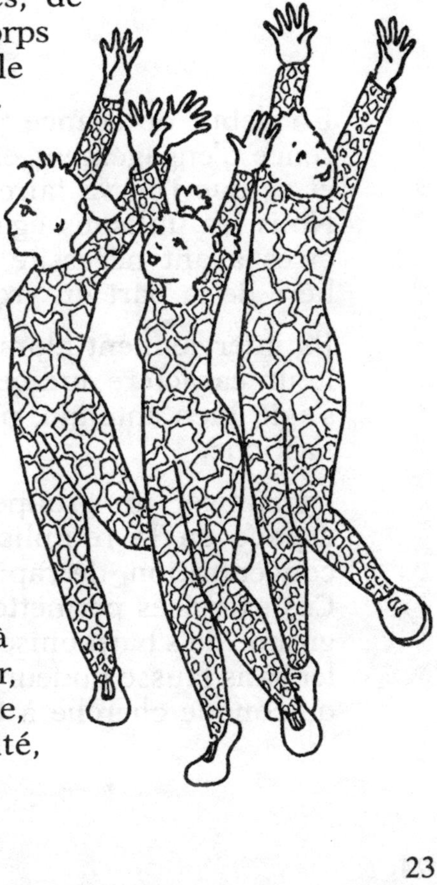

Il faut donc soumettre le corps à des exercices divers pour l'éduquer, le discipliner quant à la maîtrise, l'équilibre, l'élévation, la rapidité, l'exactitude d'exécution.

LES EXERCICES DE DYNAMISATION

DANS QUEL BUT ?

Ces exercices ont pour but de rassembler l'énergie collective d'un groupe autour de propositions nécessitant attention, concentration, rapidité et mobilisation.

QUAND ?

En début de séance pour bien marquer la différence d'engagement entre « ce que l'on fait avant et ce que l'on va faire pendant le théâtre ».
Nous les utilisons également après certains exercices ayant nécessité une concentration particulière de la part du groupe.

Ils interviennent alors comme une « récréation ». Leur caractère ludique est indispensable : il ne s'agit, bien entendu, ni de compétition ni de gymnastique.

Dynamiser un groupe c'est aussi dynamiser un espace en le remplissant de jeux, de rires, de concentration, de rapidité et de ralentissement...
Ces exercices permettent aux relations au sein du groupe de s'harmoniser, de « s'assouplir » afin d'aller sans fausse pudeur vers la liberté dont a besoin quiconque cherche à faire épanouir sa créativité.

Les haies

ENTRAÎNEMENT POUR

Scène une armée qui défile ou une horde au galop, par exemple, les conquistadores envahissant les terres vierges du Nouveau Monde :
Le soleil foulé par les chevaux, Jorge Enrique Adoum.

Objectifs
– Échauffement.
– Expulsion des tensions accumulées.
– Concentration de tout le groupe.

Déroulement Les participants courent sur place comme pour une course de vitesse. Les jambes et les bras sont très actifs, très en mouvement. À chaque haie imaginaire le meneur crie « une haie ! ». Les participants sautent cette haie en criant « haie ! » tous ensemble au moment du saut.

Attention

- Il n'est pas nécessaire de trop prolonger cet exercice.
- Cinq ou six haies sautées sont largement suffisantes.
- Prévoir un léger temps à la fin pour la reprise de la respiration sur un rythme normal.

2 ALLÔ MAMAN

Objectifs

– Échauffement.
– Concentration de tout le groupe.

Déroulement

Cet exercice, qui pourra durer une dizaine de minutes, permet un travail efficace de concentration puisqu'il fait appel à la mémoire immédiate (physique et mentale) sollicitée par le meneur.

Le groupe est en mouvement dans l'espace.
Le meneur associe au chiffre 1 l'action : « Allô, Maman ! » : chaque participant, à l'audition de ce chiffre 1 mime l'action de téléphoner tout en disant d'une voix ferme et décidée : « Allô, Maman ! ».
Au chiffre 2 correspond l'action : « Bonjour, Madame ! », sur le même principe.
Au chiffre 3, on associe « Aïe ! Aïe ! Aïe ! », en se tenant le ventre.
Au 4, « Hep ! Taxi ».
Au 5, « Ouille ! ouille ! ouille ! » en se tenant la tête à deux mains.

Une fois enregistrés les rapports chiffres/actions et après une dernière révision, le meneur propose des combinaisons : 1-2-4-5, 5-4-1, etc. Pour les exécuter, concentration et coordination « mémoire/gestes » très rapide sont nécessaires de la part du groupe et de chacun.

Attention

- On peut, bien entendu, aller au-delà de 5.
- Les rapports chiffres/actions sont ici les nôtres : ils peuvent, évidemment, être modifiés.

Les ballons de couleur 3

Objectifs
- Écoute de l'autre.
- Concentration de tout le groupe.

Déroulement

Les participants sont en cercle, en attente.
Le meneur, en frottant ses mains l'une contre l'autre fait mine de tenir un ballon et le lance à l'un des participants en disant : « Rouge ! »
Dès la réception, en frottant à son tour ses mains pour bien faire comprendre qu'il est en possession du ballon, le participant répète (et cela tant que le ballon est sa propriété !) : « Rouge ! Rouge ! Rouge !... » avant de l'envoyer à un autre partenaire.

Le ballon rouge circulant, le meneur envoie selon le même système un ballon vert, puis un bleu, puis un jaune, puis un gris...

Les ballons circulent, les couleurs se croisent... bientôt plusieurs participants sont en possession d'un ballon, voire de deux !
Le nombre de ballons mis en jeu variera selon la tranche d'âge.

Quant le meneur arrête le jeu, il doit interroger les participants pour retrouver chaque ballon selon sa couleur : un ballon perdu étant synonyme d'inattention individuelle et collective.

Attention

▸ Quand le meneur a repris les ballons en jeu, il fait mine de les ranger avant de passer à l'exercice suivant.

4 La mer et la montagne

ENTRAÎNEMENT POUR

Scène — Toute scène ou toute pièce mettant en jeu un personnage fort ayant une emprise sur les autres.

Exemples :
- sorcière ou ogre :
Blanche-Neige et les sept nains, Charles PERRAULT
- homme célèbre haranguant les foules, les manipulant, les menant au combat (que ce soit de manière positive ou négative) (Hitler, Gandhi, Napoléon, Jules César...) :
Arturo Ui, Bertold BRECHT
- scènes de foules, de barricades...
Les misérables, Victor HUGO.

Objectifs
- Acceptation par le groupe du principe de « leader ».
- Concentration de tout le groupe.

Déroulement

Le groupe est en mouvement dans l'espace, prêt à saisir dans un laps de temps très rapide les propositions du meneur.

Celui-ci émet à voix haute deux propositions antagonistes, par exemple : « La mer et la montagne ».
Deux participants doivent prendre en charge le « leadership » de chacune des propositions sans concertation préalable et réunir autour d'eux, qui un groupe « mer », qui un groupe « montagne ».
Quand les deux groupes sont figés, chacun dans son espace, on constate *de visu* si la scission en deux est bien effectuée ou s'il est difficile de se plier à la règle collective.

On enchaînera plusieurs propositions, par exemple :
- le sucré et le salé;
- les laids et les beaux;
- les ronds et les carrés;
- les poireaux et les navets...

Attention

- Cet exercice doit se faire avec énormément de rapidité. Il habitue les participants à accepter de guider et d'influencer le groupe avec fermeté et poigne.
- Il est évident que l'on choisit son groupe (si l'on n'est pas leader) poussé par la nécessaire célérité et non en fonction de ses goûts personnels.
- On peut, quand le groupe est habitué à cet exercice, travailler sur des notions plus abstraites, par exemple : Le bleu et le rouge; Le plein et le vide; Brigitte et Bardot...

Prolongement Quand les deux groupes sont formés autour de leur leader, on peut leur demander de mimer au ralenti la proposition qu'ils sont censés incarner.

5 Le caillou

ENTRAÎNEMENT POUR

Scène — Liesse ou communion collective.
Le même geste au même moment doit être fait par tous. Par exemple :
- une foule écoutant un « leader » ;
- un groupe attentif aux recommandations du chef;
- un collectif soudé par le même désir ou la même idée.

L'assemblée des femmes, ARISTOPHANE.

Objectifs
- Concentration de tout le groupe.
- Apprentissage du geste collectif.
- Coordination.

Déroulement

Le groupe est en cercle. Chacun est très concentré, le bras droit tendu, la paume de la main vers le ciel. Au signe du meneur, chacun se baisse en pliant les genoux et ramasse au sol près de son pied droit un caillou imaginaire. On prend un temps pour évaluer le poids de ce caillou.

Puis, sur l'inspiration, on balance lentement le bras vers l'arrière, la main étant refermée sur le caillou et, en expulsant l'air, on se redresse et on lance le caillou vers le ciel, « trouant le plafond ». L'expulsion de l'air est accompagné du son « Ah! », puissant et tonique, matérialisant le caillou et sa course vers les cimes.

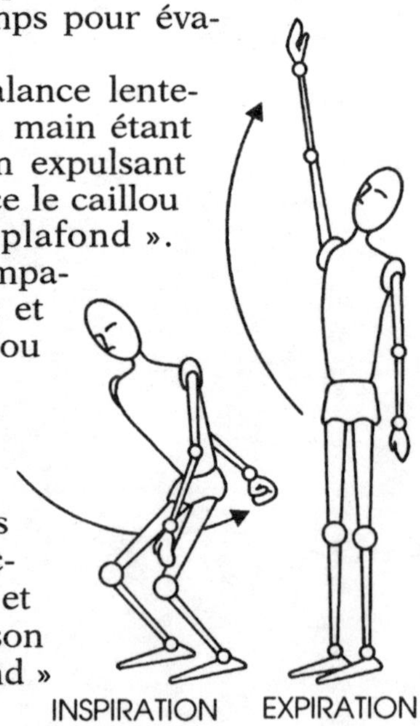

Attention

- Cet exercice est à faire dans un même mouvement collectif, avec une même gestuelle et une même respiration. Le son « Ah! » doit être beau, « rond » et puissant.

LE TRAINING

DANS QUEL BUT ?

« Training » signifie entraînement. L'ensemble des exercices qui suit constitue la base du travail corporel, les gammes en quelque sorte.
Jerzy Grotowsky, metteur en scène contemporain (voir bibliographie), en est l'initiateur dans la forme décrite ci-après. La relaxation dynamique d'Alfonso Caycedo (cf. *La relaxation dynamique*, Jean-Pierre Hubert, citée dans la bibliographie) est proche également de ce travail.
Comparons notre corps à un orchestre avec son extraordinaire amplitude de sons, depuis la forte percussion jusqu'au son le plus délicat, le plus subtil. Concentrons notre attention sur un point spécifique du corps, isolons cette partie et mettons-la en mouvement dans le plus grand nombre possible de formes jusqu'à acquérir conscience de sa capacité et de sa portée, tout comme le compositeur musical doit connaître à fond les possibilités et la portée de chacun des instruments de son orchestre.

QUAND ?

En tout début de séance.
Le training apporte aussi détente et concentration.

6 DÉROULEMENT DU TRAINING

ENTRAÎNEMENT POUR

Personnage(s) LA TÊTE (1 et 2) : personnage timide (tête sur le côté) ou très emprunté. Par exemple : La Flèche dans *L'avare*, MOLIÈRE
LA TÊTE (3) : personnage raide, hautain.
Par exemple : Bernarda dans *La maison de Bernarda Alba*, Federico GARCIA LORCA
LES BRAS, LES JAMBES : des animaux, notamment des volatiles.
Chanteclerc, Édmond ROSTAND.

Objectif Le training est la base du travail corporel.

Déroulement Considérons le corps comme un ensemble de superpositions de cubes pouvant se mouvoir selon des axes verticaux et horizontaux (figure 1).
Pour ce travail, la position de départ est la position zéro :
- pieds au même écart que les épaules.
- bras le long du corps;
- menton et regard parallèles au sol.

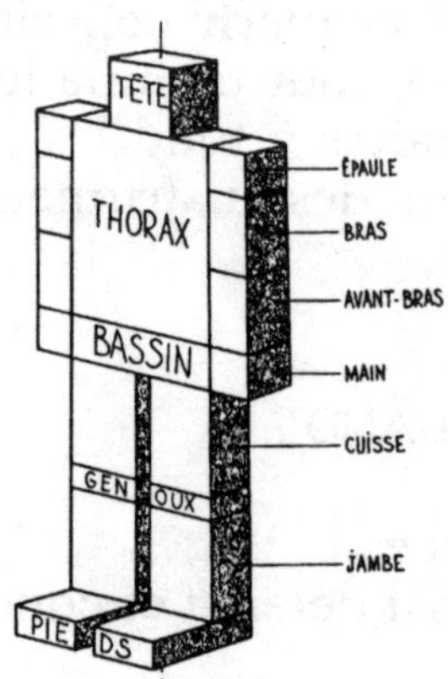

FIGURE 1 :
LES AXES CORPORELS

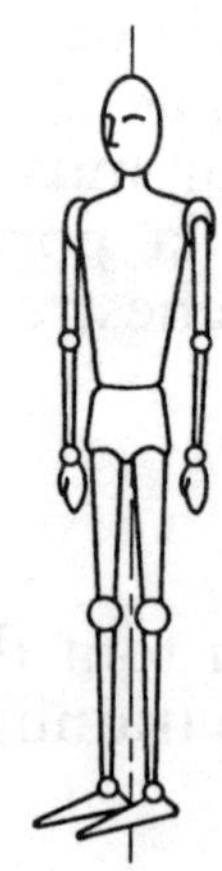

FIGURE 2 :
LA POSITION ZÉRO

Les participants et le meneur sont disposés en cercle. Le meneur montre d'abord le mouvement en l'accompagnant d'explications, puis pendant l'exécution passe auprès des participants pour éventuellement corriger de « mauvaises positions ».

La tête

Laissons de côté les moyens expressifs tels que le nez, la bouche, les yeux, les oreilles et considérons la tête comme un bloc, un cube. Il y a quatre possibilités de mouvements :

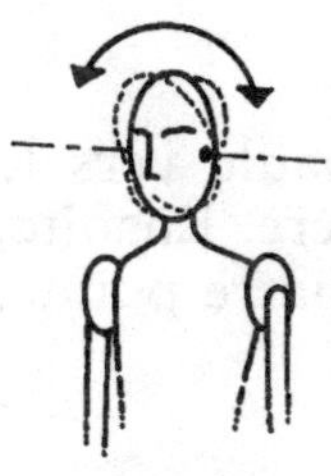

FIGURE 1

1. Imaginons un axe qui traverserait la tête horizontalement (entrant par une oreille et sortant par l'autre), et faisons basculer la tête d'avant en arrière autour de cet axe; le regard suivra le mouvement (figure 1). Pour aider à « visualiser » l'axe horizontal, le meneur peut proposer aux participants de mettre l'index droit dans l'oreille droite, même chose à gauche, et de lever les coudes jusqu'à hauteur des oreilles.

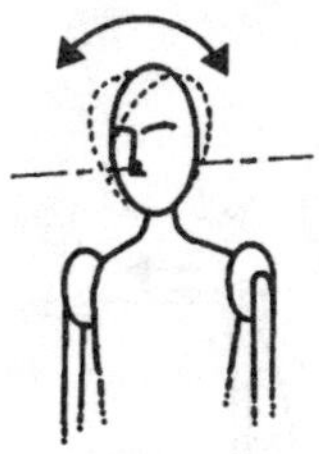

FIGURE 2

2. Imaginons maintenant un axe horizontal qui partirait du nez et sortirait derrière la nuque, et faisons basculer la tête de droite à gauche autour de cet axe (figure 2).
Il faut bien veiller à ce que le nez reste toujours dans l'axe; pour ce faire, le meneur peut proposer aux exécutants de mettre un index pointé sur le nez. Il faut veiller aussi à ne pas déplacer ni faire agir les épaules.

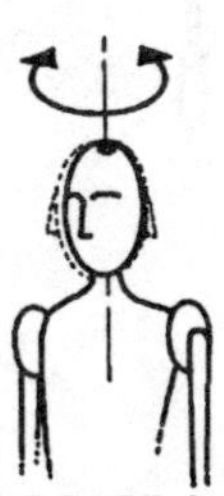

FIGURE 3

3. Imaginons enfin un axe vertical, qui, entrant par notre boîte crânienne, irait jusque dans notre gorge, et faisons pivoter notre tête autour de cet axe de gauche à droite.
Il s'agit de faire travailler le cou en coordination avec le regard et d'arriver à voir le plus loin possible derrière soi, en laissant tout le corps immobile. Seuls la tête et le cou travaillent (figure 3).

4. Laissons maintenant la tête passer par tous ces points : avant, côté, arrière, côté, dans un sens puis dans l'autre. Cela se fera le plus décontracté possible.

Attention

▶ Dès que la tête bouge, on s'aperçoit que les épaules suivent naturellement. Il faut donc tendre à faire travailler la tête indépendamment des épaules, celles-ci devant rester à leur point zéro.

Les épaules

Ce sont deux cubes distincts placés symétriquement par rapport à l'axe de la colonne vertébrale.
Le meneur demandera de faire travailler les épaules séparément puis ensemble.

Il y a quatre possibilités de mouvements :
imaginons un fil invisible qui tirerait l'épaule vers le haut puis vers le bas, en avant puis en arrière. Ensuite, l'épaule peut tourner en passant par ces quatre points, dans un sens puis dans l'autre (figure 4).

FIGURE 4

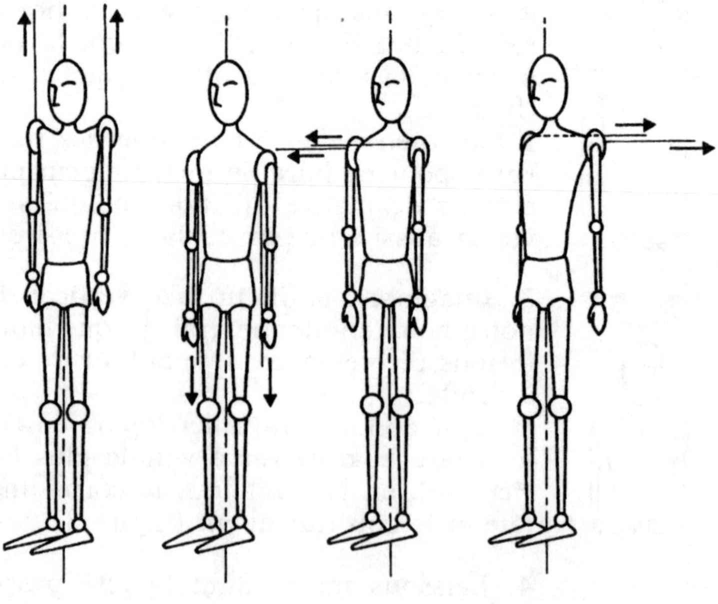

Même travail pour l'autre épaule puis pour les deux en même temps.

Attention

- Bien veiller à ce que seules les épaules travaillent, le thorax ne doit en aucun cas les suivre, mais rester dans la position zéro.

Les bras

Le meneur demandera aux participants d'accomplir trois ou quatre fois cet exercice divisé en cinq points.

1. Imaginons un fil invisible fixé au plafond qui serait accroché aux coudes : le fil se tend, les bras se soulèvent perpendiculairement au corps ; avant-bras et mains étant complètement relâchés donc parallèles au corps (figure 5).

2. Imaginons ensuite le même fil accroché cette fois aux poignets : il se tend, les avant-bras se soulèvent dans le prolongement du bras ; les mains étant relâchées, donc pendantes (figure 6).

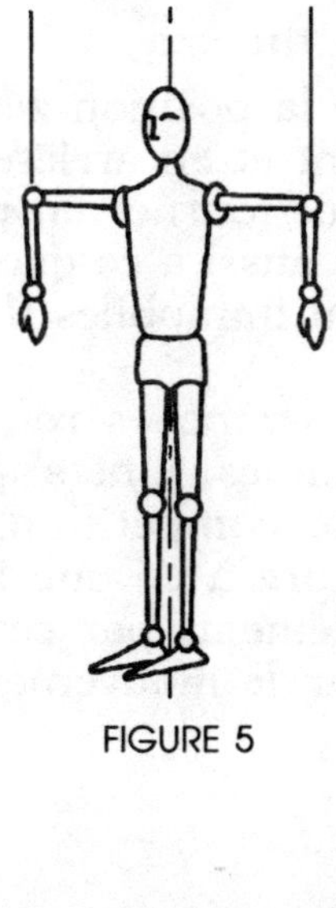

FIGURE 5

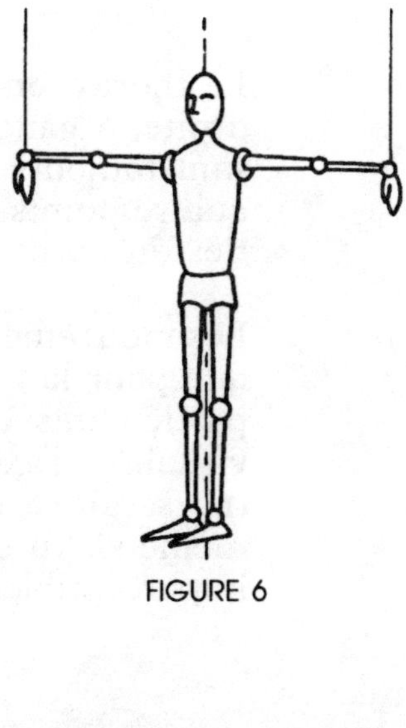

FIGURE 6

3. Enfin, imaginons des fils reliés à chaque bout de doigts : ils se tendent, la main va donc venir se placer dans le prolongement du bras et de l'avant-bras (figure 7).

4. À ce moment-là, demander aux participants de placer toute leur énergie dans les bras et de les tirer comme pour repousser avec les mains les murs de la pièce.

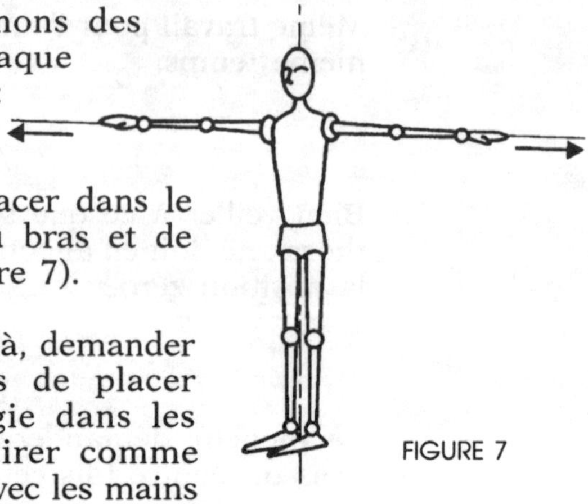

FIGURE 7

5. Demander aux participants de relâcher l'énergie très doucement et de revenir très lentement à la position zéro.

Attention

- Le point 4 étant un peu douloureux, veiller à ce que les participants aient une position très correcte des jambes et de la colonne vertébrale.

Le thorax

Le thorax, en partant de la position zéro, peut aller à droite, à gauche, en avant et en arrière, et en visualisant toujours l'axe, il peut tourner en passant par ces quatre points, en veillant aussi à ce que les autres parties du corps restent bien immobiles (figure 8).

Les mouvements pour ce « cube » seront moins visibles que pour la tête et les épaules. Il ne s'agit pas pour les participants de faire une compétition, mais bien de visualiser l'axe et de tendre à ce que le thorax passe (ne serait-ce que mentalement) par ces quatre points même si, vu de l'extérieur, le mouvement est au début imperceptible.

FIGURE 8

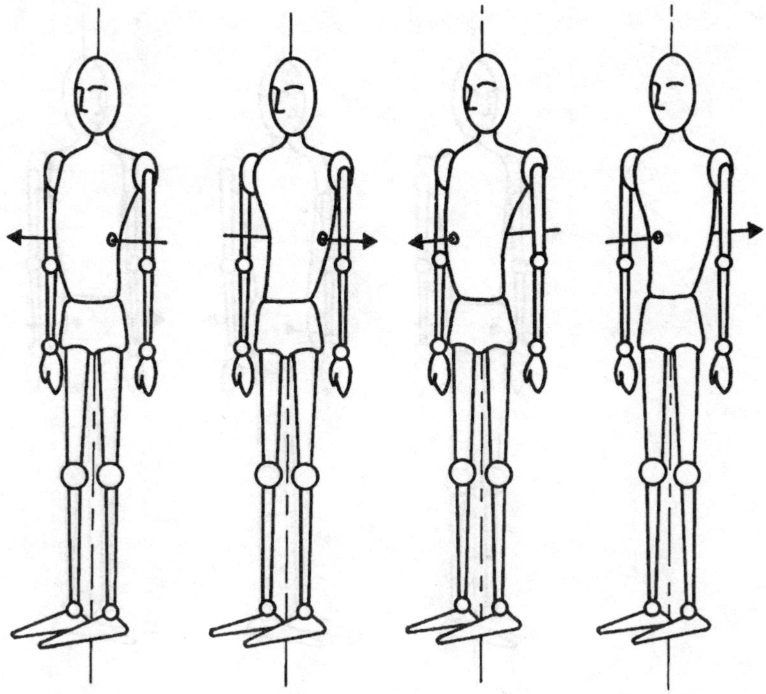

Le bassin

Le bassin est très important dans tout le mouvement corporel : il est le centre du corps.
À partir de la position zéro, faire pivoter le bassin d'avant en arrière plusieurs fois, puis à droite et à gauche plusieurs fois, ensuite enchaîner les quatre positions dans un sens puis dans l'autre (figure 9, page suivante).

Attention

Bien expliquer aux participants que ce ne sont pas les jambes qui guident le mouvement du bassin, mais bien le bassin qui entraîne les jambes dans son mouvement.

FIGURE 9

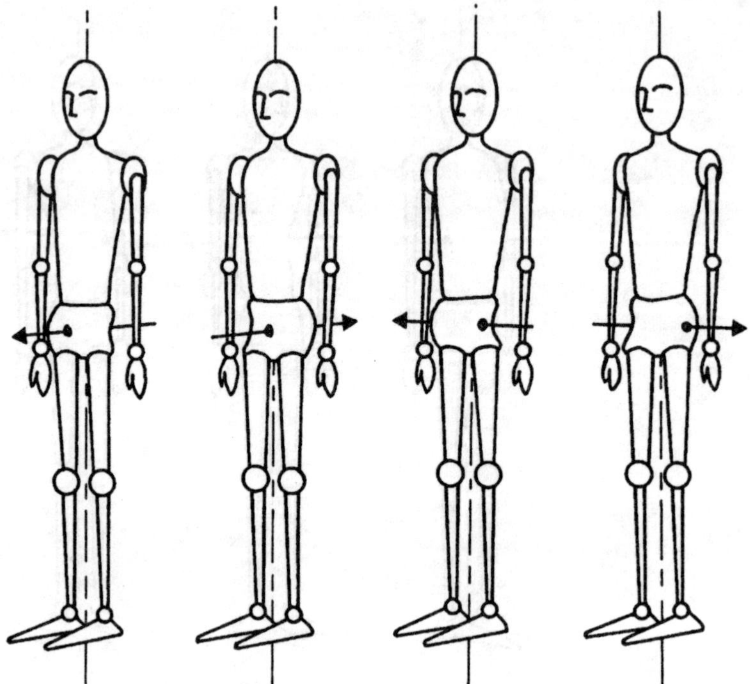

Les jambes

Les jambes, de par leurs articulations (hanches, genoux, chevilles), peuvent effectuer divers mouvements complexes :

1. Imaginons un fil invisible accroché du plafond à la cheville : le fil se tend et tire la jambe vers le haut (figure 10, page suivante).

2. Imaginons ce fil accroché au genou : le fil se tend, le genou se lève, la cuisse est perpendiculaire au bassin, la jambe et le pied sont relâchés (figure 11, page suivante).

3. Les jambes peuvent s'ouvrir, genoux vers l'extérieur, ou se fermer, genoux vers l'intérieur (figures 12 et 13, page suivante).

FIGURE 10 FIGURE 11 FIGURE 12 FIGURE 13

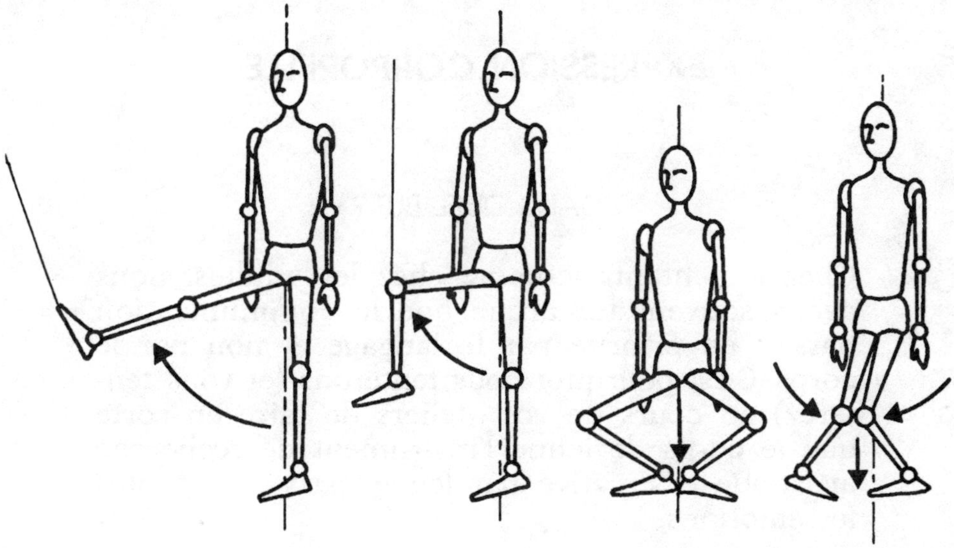

Les jambes sont très importantes pour propulser le reste du corps dans l'espace, notamment à travers les sauts.

Attention

- Bien veiller à ce que le reste du corps soit bien placé en position zéro et ne soit pas entraîné vers l'avant.

Prolongement Le training peut se faire aussi sur fond musical, ce qui fera de cet entraînement une décontraction de tout le corps. Choisir pour cela une musique de fond douce (cf. musicographie).

EXPRESSION CORPORELLE

DANS QUEL BUT ?

Chez les enfants, comme chez les adultes, nous avons souvent remarqué que la communication passait en priorité par le langage et non par le corps. C'est pourquoi nous tenterons (et vous tenterez) au cours de vos ateliers de faire en sorte que le corps devienne l'instrument de recherche artistique et créative par lequel passeront toutes les émotions.

Travailler la recherche gestuelle, le mouvement afin que telle partie du corps (y compris la plus inhabituelle) soit au service de telle émotion, bannissant tout geste stéréotypé : l'expression corporelle devient ainsi un « dépassement » physique de soi-même, permettant de rendre crédible un personnage à interpréter.

QUAND ?

À l'appréciation du meneur.

La plus petite surface 7

ENTRAÎNEMENT POUR

Personnage De type « aquatique », par exemple, Ondine dans *Ondine*, Jean Giraudoux, ou *La petite sirène*, Hans Christian Andersen.

Objectifs
- Prise de conscience de tous les muscles du corps.
- Recherche de positions non formelles et non coutumières.
- Recherche de son propre équilibre.

Déroulement Les participants sont éparpillés sur l'aire de jeu. Chacun étudie toutes les positions qui permettent au corps de toucher le sol le moins possible en travaillant toutes les possibilités et toutes les parties du corps.
Le passage d'une position à une autre doit se faire au ralenti afin de prendre conscience du travail des muscles entrant en action.

Prolongement À la suite de cet exercice, l'animateur peut demander que la plus grande surface soit en contact avec le sol (étirement du corps) et de bien visualiser les parties du corps concernées.

8 LE MIROIR COLLECTIF

Objectifs

– Écoute sensible des autres.
– Développement de l'attention et de l'imaginaire corporel.
– Concentration de tout le groupe.

Déroulement

Le groupe est assis en rond. L'un des participants effectue une série de gestes en utilisant au maximum les possibilités expressives de ses mains, bras, torse et de son visage.
Le reste du groupe, en miroir, reproduit dans le même temps ses gestes.

L'intérêt de cet exercice, outre son caractère expressif et imaginatif, réside dans le fait que l'on n'est pas obligé de regarder celui qui dirige mais celui qui se trouve en face de soi. Par l'effet de miroir du cercle, les informations gestuelles circulent avec aisance et spontanéité.

Un observateur étranger à l'action ne devrait pas se rendre compte de qui dirige l'exercice si celui-ci est fait avec le sérieux et la concentration nécessaires.

Une musique douce peut accompagner l'exécution de ces mouvements collectifs (cf. musicographie).

Les marches 9

ENTRAÎNEMENT POUR

Personnage(s) ayant une démarche inhabituelle. Par exemple, Quasimodo dans *Notre Dame de Paris*, Victor Hugo ou le personnage principal dans *Elephant man*, David Lynch ou encore Tintin, héros de bandes dessinées de Hergé.

Objectifs

– Prendre conscience de certaines possibilités du corps.
– Adapter sa démarche au lieu, au personnage.

Déroulement

1er temps : le crabe et la girafe : les participants sont en cercle sur l'aire de jeu et vont avancer en faisant quatre pas « du crabe » : jambes pliées, un pas vers la droite, un pas vers la gauche (le buste ne sera donc pas orienté dans le sens de la marche), puis quatre pas « de girafe » : sur la pointe des pieds, bras levés, tout le corps est tendu vers le haut.
Recommencer cette marche une dizaine de fois en intercalant « crabe/girafe ».

Attention

L'intérêt est de bien recroqueviller le corps pour le « crabe » et de l'étirer au maximum pour « la girafe », ainsi des muscles différents travailleront en alternance.

2e temps : course au ralenti : les participants sont en ligne et vont devoir traverser l'aire de jeu en marchant au ralenti. Celui qui gagne est celui qui arrive le dernier. Pour ce faire, les mouvements doivent être exécutés le plus lentement possible, l'écartement des jambes doit être grand, le pied pour passer devant l'autre jambe doit passer au-dessus du genou et tout le corps doit être étiré vers le haut, les deux pieds ne doivent jamais reposer en même temps sur le sol.
Au signal du meneur, le départ de la course est donné.

Attention

Veiller à ce que les participants ne se gênent pas entre eux et décomposent au maximum leurs mouvements.

L'ESPACE

Au théâtre, les participants seront amenés à vivre des situations extraordinaires dans des lieux ou espaces hors de leur quotidien. Un plateau de 15 mètres carrés devra représenter « l'univers » à tel moment, ou bien un « un petit pois » à tel autre. Les « mètres carrés » du plateau, cet espace investi du fait théâtral, sont magiques. Cet espace s'étend ou se rétracte par le seul fait de la présence physique de personnes qui devront vivre et le faire vivre tel qu'il doit être restitué : « l'univers » ou « le petit pois ».

Les exercices se situeront en début ou en fin de séance.

LA CHAUSSURE 10

ENTRAÎNEMENT POUR

repérer ou à atteindre un objet ou un endroit en cours de jeu, celui-ci étant hors du champ de vision du participant. Également, pour les changements de décors entre des scènes, lorsque ceux-ci doivent se faire à vue et dans la pénombre.

Personnage Isabelle dans *Rimbaud, l'Éternel déplacé,* mise en scène de J.-M. ROYON.

Objectifs

– Mémorisation physique d'un espace donné.
– Apprendre à évoluer naturellement dans un espace donné non quotidien.
– Développer l'assurance et la confiance en soi.

Matériel

– Une chaussure.

Déroulement

Une chaussure est placée au milieu de l'aire de jeu. L'exécutant devra la traverser en diagonale, les yeux fermés, sans aucune hésitation, prendre la chaussure sans tâtonnements, et la remettre dans la main du meneur se trouvant à l'autre extrémité de la diagonale. Pour ce faire, laisser un temps de mémorisation et d'imprégnation de l'espace à traverser, une ou deux minutes peuvent être nécessaires. Quand l'exécutant se considère prêt, il ferme les yeux et rapidement exécute le trajet.

Attention

- Le meneur doit être vigilant et se tenir prêt à « secourir » l'exécutant.

Prolongement

Deux exécutants partent en même temps de chaque extrémité de la diagonale, se croisent au milieu du plateau en ramassant chacun une chaussure et poursuivent leur trajet.
À noter qu'ici la notion de contact entre en jeu : chacun des participants doit être attentif à la présence de l'autre; il ne doit pas y avoir de contact.

11 LA CHAISE

ENTRAÎNEMENT POUR

les mêmes situations que celles décrites page 45.

Objectifs

– Mémorisation physique d'un espace donné.
– Apprendre à évoluer naturellement dans un espace donné non quotidien.
– Développer l'assurance et la confiance en soi.

Matériel

Une chaise.

Déroulement

Une chaise est placée au centre de l'aire de jeu, à environ quatre mètres des participants qui devront, les yeux fermés, sans aucune hésitation, aller à la chaise, en faire le tour par la gauche pour finalement s'y asseoir.

Comme pour l'exercice 10, les participants prendront un temps de mémorisation et d'imprégnation du chemin à parcourir.

Si le participant n'a pas réussi à s'asseoir, le meneur peut lui demander s'il a bien perçu le chemin à parcourir et d'où vient l'erreur.

Attention

▸ Le meneur se tiendra assez près de la chaise, prêt à retenir le participant qui s'assierait à côté.

Le mur humain 12

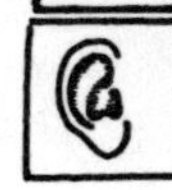

Objectifs

- Développer sa confiance dans les autres.
- Développer sa confiance en soi.
- Apprivoiser un espace, se l'approprier avec détermination.
- Concentration de tout le groupe.

Déroulement

Un des participants se tient à une distance d'environ dix mètres, si possible, du reste du groupe réuni face à lui sur une ligne droite et serrée. Au signal du meneur, et après avoir évalué mentalement la distance le séparant de ce mur humain, l'exécutant ferme les yeux et court vers le groupe, s'arrêtant le plus près possible des autres.

Attention

- Le mur humain ne doit ni bouger ni parler, ni émettre d'avis sur l'exercice en train de se faire.
- La distance étant toujours évaluée de manière assez juste, il y a peu de risques de collision et « d'accident ».
- Cet exercice est fait d'écoute et de confiance, donc il nécessite une grande concentration.

Prolongement

« Le mur humain sonore » (n° 20 p. 61). Dans cet exercice, la course s'accompagnera de l'émission d'un son, qui s'amplifiera au fur et à mesure que l'exécutant s'approchera du mur.

ILLUSTRATION EXTRAITE DE

MOLIÈRE
L'avare
Acte I, scène 3

1. HARPAGON. *(Il tâte le bas de ses chausses.)* – Ces grands hauts-de-chausses sont propres à devenir les receleurs des choses qu'on dérobe ; et je voudrais qu'on en eût fait pendre quelqu'un.
2. LA FLÈCHE. – Ah ! qu'un homme comme cela mériterait bien ce qu'il craint ! et que j'aurais de joie à le voler !
3. HARPAGON. – Euh ?
4. LA FLÈCHE. – Quoi ?
5. HARPAGON. – Qu'est-ce que tu parles de voler ?
6. LA FLÈCHE – Je dis que vous fouillez bien partout, pour voir si je vous ai volé.
7. HARPAGON. – C'est ce que je veux faire.

Il fouille dans les poches de La Flèche.

8. LA FLÈCHE – La peste soit de l'avarice et des avaricieux !
9. HARPAGON. – Comment ? que dis-tu ?
10. LA FLÈCHE. – Ce que je dis ?
11. HARPAGON. – Oui : qu'est-ce que tu dis d'avarice et d'avaricieux !
12. LA FLÈCHE. – Je dis que la peste soit de l'avarice et des avaricieux.

COMMENTAIRE

Les répliques 2 à 8 de La Flèche sont dites en aparté, le comédien devra donc jouer sur le volume sonore et/ou spatial. Elles sont sensées être audibles pour le public mais non pour Harpagon.

BONJOUR À DISTANCE 13

ENTRAÎNEMENT POUR

Scènes — La « montée » des cris d'une foule.
Le dialogue des carmélites, Georges BERNANOS scène 9, tableau 5,
ou tout autre texte dit en aparté.
La Flèche dans *L'avare* de MOLIÈRE, (acte 1, scène 3)

Objectifs — Faire correspondre un volume sonore à un volume spatial.
– Modulation de la voix.
– Concentration.

Déroulement Les participants évoluent par deux sur l'aire de jeu, face à face et espacés d'environ 50 cm. L'un d'eux adresse un bruit ou un son à son partenaire, puis celui-ci recule d'un pas, deux pas, etc. jusqu'à une distance de plusieurs mètres, le premier devant ajuster sa voix à la distance.
Dans un deuxième temps, inverser les rôles.
Ici le maître du jeu est celui qui donne la distance.

Prolongement 1 Les participants sont face à face. L'un d'eux émettra un son en le modulant (du murmure au cri) tandis que l'autre, les yeux fermés ajustera la distance qui le sépare de son partenaire au volume du son. Ici, le « provocateur » est l'exécutant vocal, qui n'est pas obligé de travailler crescendo mais pourra au contraire faire exécuter des allers et retours à son partenaire.

Attention

▶ Cet exercice ne sera pas exécuté dans la rapidité, du moins au début, surtout dans la phase de prolongement.

Prolongement 2 Les participants sont répartis en deux groupes se faisant face et se regardant bien dans les yeux.

Le groupe A va émettre un son (hauteur vocale assez faible) juste suffisant pour que le groupe B puisse l'entendre. Tout en émettant ce son, il va reculer et ajuster sa voix à la distance, pour que le groupe B puisse toujours l'entendre.
Même travail pour le groupe B.

Prolongement 3 Les trois exercices peuvent être repris mais le son sera remplacé par le mot « bonjour » ou d'autres mots.

Les planètes en folie 14

ENTRAÎNEMENT POUR

Scène — Foule en mouvement : métro, manifestation, fuite collective...
Les oiseaux, Aristophane

Objectifs
- Prise de conscience d'un espace en mouvement.
- Concentration de tout le groupe.
- Ludisme collectif.
- Élasticité corporelle.

Déroulement

Chaque membre du groupe est une planète qui se déplace dans l'espace. Sur les indications verbales et/ou simplement corporelles (rapprochement des mains par exemple) du meneur, les planètes se rapprochent les unes des autres en respectant leur autonomie, c'est-à-dire en ne se touchant à aucun moment. Les planètes allant de plus en plus vite et l'espace se rétrécissant, on arrive très rapidement à une aire d'évolution très restreinte.

Attention

Il est nécessaire de « pousser » les participants à aller à la rencontre des autres tout en les évitant soigneusement. C'est de cette contradiction apparente que naît l'intérêt et le dynamisme de cet exercice.

VOIX ET RESPIRATION

Tout comme le corps, la voix est l'instrument du comédien. Jerzy Grotowski nous dit : « Une attention spéciale doit être consacrée à la portée de la voix et à la production des sons et des intonations » et cela ne peut être qu'étroitement lié à une bonne respiration. C'est pourquoi nous vous proposons des exercices vocaux et respiratoires. Deux conditions sont nécessaires à un bon travail de voix et de respiration :

– la colonne d'air portant le son doit sortir avec force et sans obstacle (une mauvaise ouverture des mâchoires en étant un) d'où la nécessité d'une bonne articulation;
– une respiration totale (abdominale et thoracique) par laquelle une grande quantité d'air peut être accumulée.

LES EXERCICES DE RESPIRATION

DANS QUEL BUT ?

Les exercices de respiration ont ici une vertu éminemment décontractante et apaisante.
En règle générale, nous pensons tous savoir respirer puisque « si nous ne respirions pas nous mourrions ! » Mais ce dont il est question ici est d'apprendre à *bien* respirer, à *mieux* respirer. Si nous faisons appel à la respiration abdominale notamment, c'est que celle-ci est source de détente et de concentration immédiate. C'est notre respiration naturelle, celle de la petite enfance qu'il faut ici retrouver et maîtriser.
La respiration approfondie nous met en connexion avec les énergies ou l'Énergie qui nous entourent (le Prana pour les Hindous, le Chi pour les Chinois).
N'oubliez jamais que respirer ensemble c'est vibrer ensemble donc c'est vivre et créer ensemble !

QUAND ?

De préférence en ouverture et en fermeture de séance afin d'installer détente et bien-être ou de signifier par cette détente et ce bien-être que quelque chose d'important va commencer ou vient de s'achever.

15 Respiration abdominale

Objectifs

- Décontraction/détente.
- Prise de conscience du souffle.
- Activation du schéma corporel.
- Disparition du stress/retour au calme.

Déroulement

Les participants sont allongés au sol, la main posée sur l'abdomen. En inspirant par le nez on fait gonfler l'abdomen et par conséquent la main se soulève. On garde l'air quelques secondes et on expulse celui-ci par la bouche légèrement entrouverte.

Attention

- La main posée sur l'abdomen permet de manière très simple de pouvoir sentir réellement l'air s'accumuler et disparaître.
- Cette respiration doit toujours se faire dans le calme et la tranquillité.
- Il ne s'agit pas d'un exercice de gymnastique mais de développer un potentiel respiratoire supplémentaire.
- On peut, pour l'inspiration, demander aux participants de visualiser une fleur entre leurs sourcils et d'agir « comme s'ils voulaient en sentir l'odeur », ceci dans le but de bien faire pénétrer l'air le long des fosses nasales pour irriguer au mieux le cerveau.

RESPIRATION THORACIQUE 16

Objectifs

– Décontraction/détente.
– Prise de conscience du souffle.
– Activation du schéma corporel.
– Disparition du stress/retour au calme.

Déroulement

Les participants sont allongés au sol ou debout, les paumes des mains placées sous les clavicules.
En inspirant par le nez, on fait se soulever les mains sous l'effet de l'air qui s'emmagasine dans les poumons du bas jusqu'en haut.
On garde l'air quelques secondes, dans la posture d'un être fier et conquérant, et l'on expulse celui-ci par la bouche légèrement entrouverte.

Conseil

Les exercices de respiration ne doivent pas être poussés trop loin. Pratiqués trop longtemps, ils peuvent provoquer, par hyperventilation, vertiges ou maux de tête. Il est nécessaire également de se renseigner sur la présence d'asthmatiques ou de spasmophiles dans le groupe avant chaque exercice respiratoire.

17 Respiration chronométrées

Objectifs

– Préparation aux exercices de voix.
– Préparation aux exercices de diction.
– Préparation au texte en général.

Déroulement

Les participants sont allongés au sol.
Selon le même principe respiratoire qu'aux exercices 15 « Respiration abdominale » ou 16 « Respiration thoracique », on décrète trois temps bien distincts : *inspiration, rétention, expulsion.*
L'inspiration doit être courte, la rétention d'air un peu plus longue et l'expulsion la plus longue possible afin de libérer au maximum les tensions accumulées.

Le meneur compte d'une voix étale, rythmant ainsi l'exercice respiratoire. On peut se baser sur les rythmes suivants :
5 temps *(inspiration)* – 7 temps *(rétention)* – 15 temps *(expulsion)*
ou 6 temps *(inspiration)* – 8 temps *(rétention)* – 15 temps *(expulsion).*

RESPIRATION/SON 18

Objectifs

- Contact collectif.
- Préparation aux ambiances collectives.
- Harmonisation des énergies du groupe.
- Détente/« lâcher-prise » (voir remarque ci-dessous).

Déroulement

Les participants sont allongés au sol ou debout, les yeux fermés.
On installe une respiration collective de type abdominale (voir l'exercice n° 15 Respiration abdominale. Sur le temps de l'expulsion de l'air et en suivant cette expulsion, on laisse « sortir » le son [a].
Ce son doit être ample, souple, non travaillé. Il est l'émanation du souffle du groupe, le signe d'une communion et d'une harmonie tranquille.

Remarque

Par « lâcher-prise » il faut entendre non-cérébralité. Le « lâcher-prise » est l'état que l'on atteint quand, au-delà d'une simple détente, l'esprit (les pensées, l'enchaînement automatique des idées...) est enfin mis en sommeil. C'est un état de grande réceptivité et de grande disponibilité.

LA VOIX

DANS QUEL BUT ?

Outre le comédien, toute personne est amenée à se servir de sa voix, ne serait-ce que tout simplement pour communiquer à l'autre sa pensée.
Une voix bien placée, travaillée, modulée sera plus agréable à entendre et donc plus apte à être reçue.
La voix étant le véhicule des mots et par là même des pensées, celles-ci n'en seront que mieux comprises.

QUAND ?

Les exercices vocaux pourraient se situer juste après le training (n° 6, p. 31), en parfait accord avec les exercices respiratoires précédents : ils ne peuvent être dissociés les uns des autres.

LE BALLON GONFLABLE 19

Objectifs
– Coordination geste et respiration.
– La respiration comme moteur du mouvement.

Déroulement
Les participants sont deux par deux, debout, sur l'aire de jeu. L'un des deux fait semblant de déboucher le corps de son partenaire comme s'il s'agissait d'une poupée remplie d'air. La partie « débouchée » peut être le doigt, le genou, l'oreille...
On pourra commencer par n'importe quelle partie du corps. Le participant « débouché » agit comme s'il était en train de se vider et au fur et à mesure qu'il expulse l'air, il se dégonfle jusqu'à tomber par terre comme une poupée en caoutchouc.
Ensuite, en commençant par n'importe quelle partie du corps, le partenaire va regonfler le participant qui est à terre, et qui fait les bruits et les mouvements de quelqu'un dont le corps serait rempli par une pompe. Il va ainsi se regonfler au fur et à mesure qu'il inspire jusqu'à reprendre sa position debout.

Attention

- Bien demander aux participants de visualiser la partie « débouchée » et le fait que l'air pourrait être expulsé par cette partie du corps.
- En effet, si le nez est une partie « débouchée », il est évident qu'au niveau du nez il ne se passera rien de vraiment visible mais que le « dégonflement mental » du nez pourra provoquer un affaissement de la bouche, de la mâchoire inférieure et du menton par exemple.

ILLUSTRATION EXTRAITE DE

MOLIÈRE
Le bourgeois gentilhomme
Acte III, scène 2
Nicole, monsieur Jourdain, deux laquais.

1. M. JOURDAIN. – Nicole !
2. NICOLE. – Plaît-il ?
3. M. JOURDAIN. – Écoutez.
4. NICOLE. – Hi, hi, hi, hi, hi !
5. M. JOURDAIN. – Qu'as-tu à rire ?
6. NICOLE. – Hi, hi, hi, hi, hi, hi !
7. M. JOURDAIN. – Que veut dire cette coquine-là ?
8. NICOLE. – Hi, hi, hi ! Comme vous voilà bâti ! Hi, hi, hi :
9. M. JOURDAIN. – Comment donc ?
10. NICOLE. – Ah ! ah ! mon Dieu ! Hi, hi, hi, hi, hi !
11. M. JOURDAIN. – Quelle friponne est-ce là ? Te moques-tu de moi ?
12. NICOLE. – Nenni, Monsieur, j'en serais bien fâchée. Hi, hi, hi, hi, hi, hi !
13. M. JOURDAIN. – Je te baillerai sur le nez, si tu ris davantage.
14. NICOLE. – Monsieur, je ne puis pas m'en empêcher. Hi, hi, hi, hi, hi, hi !
15. M. JOURDAIN. – Tu ne t'arrêteras pas ?
16. NICOLE. – Monsieur, je vous demande pardon ; mais vous êtes si plaisant que je ne saurais me tenir de rire. Hi, hi, hi !
17. M. JOURDAIN. – Mais voyez quelle insolence !
18. NICOLE. – Vous êtes tout à fait drôle comme cela. Hi, hi !
19. M. JOURDAIN. – Je te...
20. NICOLE. – Je vous prie de m'excuser. Hi, hi, hi, hi !
21. M. JOURDAIN. – Tiens, si tu ris encore le moins du monde, je te jure que je t'appliquerai sur la joue le plus grand soufflet qui se soit jamais donné.
22. NICOLE. – Hé bien ! Monsieur, voilà qui est fait, je ne rirai plus.
23. M. JOURDAIN. – Prends-y bien garde. Il faut que pour tantôt tu nettoies...
24. NICOLE. – Hi, hi !
25. M. JOURDAIN. – Que tu nettoies comme il faut...
26. NICOLE. – Hi, hi !
27. M. JOURDAIN – Il faut, dis-je, que tu nettoies la salle, et...
28. NICOLE. – Hi, hi !
29. M. JOURDAIN. – Encore !
30. NICOLE, *tombant à force de rire.* – Tenez, Monsieur, battez-moi plutôt et me laissez rire tout mon soûl, cela me fera plus de bien. Hi, hi, hi, hi, hi !
31. M. JOURDAIN. – J'enrage !
32. NICOLE. – De grâce, Monsieur, je vous prie de me laisser rire. Hi, hi, hi !
33. M. JOURDAIN. – Si je te prends...
34. NICOLE. – Monsieur...eur, je crèverai...ai, si je ne ris. Hi, hi, hi !
35. M. JOURDAIN. – Mais a-t-on jamais vu une pendarde comme celle-là, qui me vient rire insolemment au nez, au lieu de recevoir mes ordres ?
36. NICOLE. – Que voulez-vous que je fasse, Monsieur ?
37. M. JOURDAIN. – Que tu songes, coquine, à préparer ma maison pour la compagnie qui doit venir tantôt.

COMMENTAIRE

Le rire de Nicole commence sur la réplique 4 et ira en s'amplifiant au fur et à mesure que la scène se déroulera. Il faut donc travailler aussi la respiration, que Nicole reprendra entre les rires, qui seront tout au long de la scène, pratiquement incessants.

LE MUR HUMAIN SONORE 20

ENTRAÎNEMENT POUR

Scènes

– La montée d'un rire.
Nicole dans *Le bourgeois gentilhomme* de MOLIÈRE, acte 3, scène 2 (voir texte ci-contre).
– La montée de la colère.
Camille dans *Horace* de CORNEILLE, acte 4, scène 5 (voir le texte de l'exercice 21).

Objectifs

– Travail volume sonore/espace.
– Travail de la montée du volume de la voix.
– Développer sa confiance en les autres et en soi.
– Apprivoiser un espace, se l'approprier avec détermination.
– Concentration de tout le groupe.

Déroulement

Comme dans l'exercice n° 12 le mur humain, le groupe, sauf un participant, se met sur une ligne droite en rang serré. L'exécutant part en courant, au signal du meneur, vers ce « mur » distant d'une dizaine de mètres (si possible), après avoir mentalement évalué la distance. Il va en commençant sa course émettre un son faible ([a] par exemple) et l'amplifier au fur et à mesure qu'il avance pour arriver à un paroxysme sonore en s'arrêtant devant le mur.
Chacun sera à tour de rôle un élément du mur et le coureur.

Attention

Dans cet exercice, le travail du contrôle de la respiration est très important : la « peur » de sentir le mur se rapprocher « bloque » la respiration, alors que l'émission de plus en plus forte du son demande une respiration très contrôlée.

ILLUSTRATION EXTRAITE DE

CORNEILLE
Horace
Acte 4, scène 5

CAMILLE
Ro[m]e,/ l'u[n]ique objet de [m]on ressenti[m]ent! /
Ro[m]e,/ à qui vient ton bras d'i[mm]oler mon a[m]ant!/
Ro[m]e,/ qui t'a vu [n]aître et que ton cœur adore!/
Ro[m]e enfin que je hais parce qu'elle t'ho[n]ore!/

COMMENTAIRE

Pour aborder le début de ce monologue, il est nécessaire que le participant se soit assoupli vocalement en pratiquant plusieurs exercices d'articulation.

N'oubliez pas de faire ressortir le rythme et les sonorités du texte : par exemple les [m] et les [n] dans les trois premiers vers, (*u**n**ique, **m**on ressenti**m**ent, i**mm**oler **m**on a**m**ant, Ro**m**e qui t'a vu **n**aître*, ainsi que dans Ro**m**e qui vient en début de chaque vers) sonorités douces et caressantes associées à des sonorités plus percussives (*qui t'a*, *que ton cœur*, *unique, parce qu'elle t'honore).*

On associera enfin à ce rythme interne du texte, les pauses de respiration signifiées par ce signe :/.

ARTICULATIONS/PHRASES TYPES 21

ENTRAÎNEMENT POUR

Scène

– Tous types de spectacles et, en particulier, les textes classiques en alexandrins qui font appel à une diction parfaite.
La tirade de Camille, dans *Horace* de Corneille, acte 4, scène 5, en est un très bon exemple et si vous avez choisi ce type de spectacle, nous vous conseillons de faire travailler ce monologue par vos participants (voir l'extrait ci-contre).

– Montage de textes poétiques où la diction devra être excellente, par exemple :
PRÉVERT, QUENEAU, GUILLEVIC, BAUDELAIRE, MALLARMÉ, VILLON, LA FONTAINE, etc.

Objectifs

– Échauffement vocal.
– Échauffement et musculation de la face, des lèvres, des joues, etc.
– Prise de conscience des muscles de la face.
– Diction.

Déroulement

– Dans un premier temps, faire faire aux participants toutes sortes de grimaces afin de faire travailler les zygomatiques et les mâchoires : ouvrir la bouche, la fermer en avançant les lèvres, tirer la langue, mouvements de mastication dans tous les sens, etc., en allant jusqu'au bout du mouvement. Le participant doit être vraiment « défiguré » en exécutant ce travail, les muscles doivent « chauffer ». Ces « grimaces » peuvent être accompagnées d'un son qui « sortira » automatiquement : « A », « HUM », etc.

Dans un second temps, faire dire une série de syllabes et de phrases, parfaitement articulées, plusieurs fois, en variant l'intonation (intensité et émotion) :

BRA BRE BRI BRO BRU
CRA CRE CRI CRO CRU
DRA DRE DRI DRO DRU...

CRIC CRAC CROC
CROQUE DU MANIOC.

JE VEUX ET J'EXIGE.

LES CHAUSSETTES DE L'ARCHIDUCHESSE SONT SÈCHES, ARCHISÈCHES.

LE FISC FIXE EXPRÈS CHAQUE TAXE FIXE EXCESSIVE EXCLUSIVEMENT AU LUXE ET À L'EXQUIS DE L'EXTRAORDINAIRE ALEXIS.

POUR QUI SONT CES SERPENTS QUI SIFFLENT SUR NOS TÊTES ?

DIS-MOI GROS GRAS GRAND GRAIN D'ORGE, QUAND TE DÉGROSGRAGRANDGRAIND'ORGERAS-TU ? JE ME DÉGROSGRASGRANDGRAIND'ORGERAI QUAND TOUS LES GROS GRAS GRANDS GRAINS D'ORGE SE SERONT DÉGROSGRASGRANDSGRAIND'ORGÉS.

DIS-MOI PETIT POT DE BEURRE, QUAND TE DÉPETITPOTDEBEURRERERISERAS-TU ? JE ME DÉPETITPOTDEBEURRERERISERAI QUAND TOUS LES PETITS POTS DE BEURRE SE DÉPETITPOTDEBEURRERERISERONT.

Attention

- Ces phrases doivent être parfaitement dites, sans aucune erreur d'articulation et de prononciation ; les faire redire autant de fois qu'il sera nécessaire et à chaque séance prendre 5 ou 10 minutes pour faire cet échauffement vocal.

Remarque

Nous citons dans cet exercice des exemples de phrases qui peuvent sembler rebattues ; elles ont cependant fait leurs preuves. Libre au meneur et aux participants d'en suggérer et d'en utiliser d'autres.

Mouvements sonores 22

Objectifs

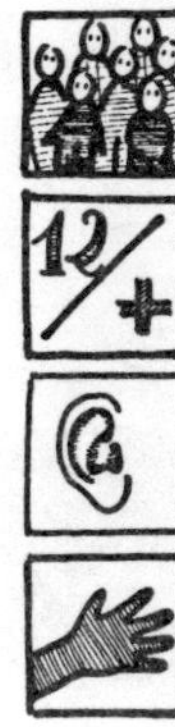

– Déblocage vocal.
– Recherche d'une liaison son/mouvement.
– Le son déclencheur du mouvement.

Déroulement

Tous les participants sont en cercle. L'un d'entre eux va se placer au centre et commencer à émettre un son ou un bruit accompagné d'un mouvement (le tout étant le reflet d'une réalité ou purement fantaisiste). Les autres participants vont reproduire exactement le même son accompagné du même mouvement.
Puis, le participant ayant donné l'impulsion va aller défier quelqu'un qui va venir prendre sa place au centre du cercle en changeant très lentement de son et de mouvement ; la différence devra être très nette mais le passage devra se faire sans que de l'extérieur on puisse le remarquer.
Tout le groupe va suivre cette deuxième proposition puis une troisième, etc.

Prolongement

Les participants sont répartis en deux groupes. L'un des deux va émettre un son déterminé (pris dans la réalité. Ex. : bruits d'usine, du vent, du métro, etc.). L'autre groupe va se mettre en mouvement en reproduisant non pas le mouvement correspondant au bruit mais l'image mentale que chacun se fait de ce bruit (par exemple, si le bruit est celui du métro, le groupe ne représentera pas forcément le métro mais l'image mentale qu'il s'en fait). Puis les deux groupes permuteront, le groupe vocal devenant gestuel et vice-versa.

Attention

▶ Le meneur fera en sorte que le travail vocal soit prépondérant et soit le déclencheur de tout l'exercice. La recherche sera plus vocale que physique.

ILLUSTRATION EXTRAITE DE

ARISTOPHANE
Lysistrata

LE CORYPHÉE
Marche en tête, Dracés, au pas, bien que ton épaule te fasse mal, sous le poids d'un si grand morceau d'olivier verdoyant.

LE PREMIER DEMI-CHŒUR
/[1] Certes, /[2] il y a bien de l'imprévu au cours
d'une longue existence, /[2] hélas! /[3] qui se fût
jamais attendu, /[2] ô Strymodoros, /[2] à apprendre
que des femmes /[2] que nous avons nourries
dans nos maisons, /[3] les franches scélérates
/[3] seraient en possession de l'idole sacrée
/[3] occuperaient notre citadelle et en fermeraient
les entrées avec des barres et des verrous.

COMMENTAIRE

Le chœur étant formé de plusieurs personnes donc de plusieurs voix, il devra être travaillé de façon à ce qu'elle n'en fasse qu'une. Les temps d'inspiration, signalés par le signe / seront pris exactement en même temps, par toutes les personnes formant le chœur et selon une respiration chronométrée indiquée par /[1] /[2] ou /[3] (1, 2, 3 temps en seconde).
La hauteur vocale sera la même pour tous, signalée par ↗ (voix montée) ou par ↘ (voix descendue).

Aux endroits indiqués par le signe —, on utilisera le résonateur spécifique indiqué ci-contre dans l'exercice.

LES CAISSES DE RÉSONANCE 23

ENTRAÎNEMENT POUR

Scène Avec un chœur : recherche d'une même respiration, recherche d'un seul son à partir de plusieurs personnes.
Lysistrata, ARISTOPHANE, chœur des femmes et des vieillards.
La maison de Bernarda Alba, Federico GARCÍA LORCA, la prière des femmes, acte 1, scène 3.

Objectifs Amplifier le son de la voix en se servant de différentes parties du corps comme résonateur. Ce terme de « résonateur » est, selon la définition de Jerzy Grotowski, « purement conventionnel. Sa fonction est de comprimer la colonne d'air en un certain endroit du corps, sélectionné comme amplificateur de la voix ». Subjectivement, on a l'impression de « parler avec cette partie du corps ».

Déroulement Les participants sont en cercle, debout. Le meneur leur demandera de commencer une respiration lente, abdominale et d'émettre les sons suivants en recherchant et en respectant les résonateurs indiqués.

1. Le son [a] : le résonateur est *la poitrine.* Sur l'émission de ce son, les participants devront sentir une vibration dans la poitrine. Penser à l'auto-contrôle : chacun mettant la main sur sa poitrine doit sentir une vibration très nette.

2. Le son [e] : le résonateur se placera à *la nuque*. Dans un premier temps, les participants ne sentiront la vibration peut-être que sur les côtés du cou, mais il faut tendre le plus possible à la placer sur l'arrière.

3. Le son [i] : le résonateur est *le sommet du crâne*. Le son sera très aigu, très haut perché.

4. Le son [o] : le résonateur est *le bas du dos au niveau des reins*. Le son doit être très bas, très grave, c'est ainsi que les participants trouveront le bon endroit de résonance.

5. Le son [y] : le résonateur est placé au niveau des *organes génitaux*. Le son sera très intériorisé.

Prolongement Pour aider les participants, le meneur peut proposer à l'un d'entre eux de se placer au milieu du cercle : l'émission du son devra atteindre cette cible précise qu'est la personne du milieu, et les participants vont « lancer » le son à l'aide du résonateur.
Pour les sons [e] et [o], les participants tourneront le dos à la « cible » et lanceront le son avec la nuque pour [e] et avec le dos pour [o].
Si l'exercice est « réussi », le participant placé au centre doit ressentir les vibrations émises par le groupe.

Attention

- Beaucoup de patience devra être mise en œuvre pour cet exercice. C'est en le faisant le plus souvent possible que chacun arrivera à faire travailler le bon résonateur.
- Les sons seront toujours émis sur l'expulsion de l'air, qui leur servira de véhicule, et ne seront en aucun cas fabriqués.
- Tout, dans cet exercice, réside dans la visualisation : « *je veux placer le son* ***dans*** *le résonateur indiqué* », l'image mentale à ce moment-là sera : « *le son dans le résonateur* ».

LE CONTACT

La notion de contact est en elle-même primordiale dans la mesure où elle implique un rapport à l'autre qui, tout en restant simple, doit permettre *écoute, rencontre* et *sensibilité*.

Il s'agit ici de pouvoir agir en toute confiance, le partenaire de jeu considéré devant permettre une ouverture sur ses capacités imaginatives.

Les enfants ont une tendance sociale et naturelle à s'isoler dans leurs propres frontières en ce qui concerne le travail d'expression. Nous devons leur apprendre, sans brusquerie, à mieux savoir regarder, toucher, appréhender celui ou celle qui, à un moment donné, sera un partenaire de jeu.

Quand pratiquer les exercices ? Après la dynamisation.

Tout en restant ludiques, les exercices de contact permettent une concentration plus grande et servent à apaiser la séance, à lui donner son caractère de sérieux lié à l'écoute attentive du message d'autrui.

24 NE ME QUITTE PAS

ENTRAÎNEMENT POUR

Scène — Sensibiliser les partenaires de futurs scènes d'amour.
La ronde de Arthur SCHNITZLER.
Roméo et Juliette de William SHAKESPEARE.
Le petit prince et la rose dans *Le petit prince* de Antoine de SAINT-EXUPÉRY.
Elvire et Dom Juan dans *Dom Juan* de MOLIÈRE.

Objectifs

- Prise de conscience du corps de l'autre.
- Oser se toucher.
- Recherche d'équilibre à deux.

Déroulement

Les participants sont tous sur l'aire de jeu. Ils se mettent deux par deux et chacun doit être en contact avec le corps de l'autre, s'appuyer sur lui tout en le touchant le moins possible. Les couples évoluent ainsi en recherchant les points de contact les moins évidents (hanches, oreilles, orteil, cou, etc.)
Ils doivent bouger lentement et sans arrêt en essayant de trouver chaque fois une nouvelle position.

Attention

- Dans cet exercice, le meneur doit veiller au fait que la communication est uniquement physique et/ou visuelle. Il est donc absolument interdit de parler et de faire des suggestions à son partenaire.
- Il doit veiller aussi à ce que les participants ne prennent pas de risques : pas d'*héroïsme* dans cet exercice, mais une recherche à deux de tout ce qui est possible.

L'AVEUGLE 25

ENTRAÎNEMENT POUR

Personnage guidé par un autre.
Lucky et Pozzo dans *En attendant Godot* de Samuel Beckett.
Le début de *Huis clos* de Jean-Paul Sartre.

Objectifs

- Développement de la confiance en soi et en l'autre.
- Spatialisation.
- Prise de conscience de son schéma corporel.
- Écoute.

Matériel

- Chaises.
- Vêtements.
- Objets divers.

Déroulement

Deux par deux les participants se répartissent les rôles : l'un est l'aveugle, l'autre le guide. L'aveugle ferme les yeux. Il attend quelques instants pendant lesquels le guide met en place des objets éparpillés sur le sol (chaises, vêtements, livres, etc.) symbolisant une géographie avec ses montagnes, ses lacs, ses villes et ses vallées. Au signal du meneur, les aveugles avancent en étant conduits par la seule voix de leur guide leur indiquant, à voix basse, la route à prendre, les obstacles à éviter...
Quand un aveugle rencontre un autre aveugle, il n'est pas nécessaire de faire un pas de côté, le guide doit laisser le temps à « son aveugle » d'apprécier cette rencontre par le toucher.

Attention

- Cet exercice demande une grande confiance en son guide.

26 L'HYPNOSE

Objectifs

– Se laisser guider (sans retenue) par l'autre.
– Maîtrise de certains muscles non habitués à travailler.

Déroulement

Les participants sont deux à deux, debout, face à face. L'un deux met sa main à quelques centimètres du visage de son partenaire qui est alors hypnotisé et doit garder le visage toujours à la même distance de la main. L'hypnotiseur commence alors une série de mouvements, la main pouvant aller de haut en bas, de droite à gauche, verticalement, horizontalement ou en diagonale. L'hypnotisé fait toutes sortes de contorsions pour garder toujours la même distance visage/main.
La main doit avoir un rythme lent mais continuel et l'hypnotiseur doit astreindre son partenaire, par ses mouvements de main, à prendre toutes les positions possibles même les plus inconfortables.

12/+

Prolongement 1 un hypnotiseur travaillant avec ses deux mains donc deux hypnotisés.

12/+

Prolongement 2 Un hypnotiseur allongé sur le dos travaillant avec ses deux mains et ses deux pieds et quatre hypnotisés.

Attention

- Bien veiller à ce que cet exercice ne soit pas un exercice de prouesses. Ne pas mettre l'hypnotisé en trop grandes difficultés physiques, ce qui risque de le déconcentrer et de faire perdre l'objectif de l'exercice.

LE CULBUTO 27

ENTRAÎNEMENT POUR

Scène(s) de couples.
Les vacances de Jean-Claude GRUMBERG : le couple des parents et celui des enfants.

Objectifs
- Maîtrise de son propre équilibre.
- Confiance en l'autre.

Déroulement Les participants sont deux par deux, l'un tournant le dos à l'autre. Celui qui est placé devant va se laisser tomber en arrière, bras légèrement écartés du corps, et être rattrapé sous les aisselles par son partenaire (aucun des deux ne devant déplacer les pieds) puis revenir debout par une faible poussée du partenaire.
Pour commencer l'exercice, les deux participants seront distants d'environ 50 cm puis le « porteur » reculera d'un pas au fur et mesure qu'il sentira s'installer une confiance mutuelle jusqu'à ce que celui qui se laisse tomber aille presque au ras du sol.
Dans un deuxième temps, les participants inverseront les rôles.

Attention

Bien veiller à ce que les couples soient constitués de partenaires de poids sensiblement égaux.
Demander aux participants une grande concentration et une grande attention, ainsi qu'une grande décontraction de la part de celui qui se laisse tomber.

28 LE SAUT DE L'ANGE

ENTRAÎNEMENT POUR

Scène groupe des six femmes que représentent Bernarda et ses cinq filles dans *La maison de Bernarda Alba* de Federico GARCÍA LORCA, acte 1, scène 3.

Personnage devant prendre conscience de sa part de responsabilité dans un groupe et sentir aussi qu'il peut s'appuyer (moralement et/ou physiquement) sur lui. La scène des sorcières dans *Perceval le grignois* de Bernard AVRON.

Objectifs

- Maîtrise de la confiance dans un groupe.
- Notion de « plaisir à donner à l'autre ».

Déroulement Le groupe (au minimum 9 participants), sauf un, se tient en deux lignes A et B de quatre personnes se faisant face. Le participant 1 de la ligne A va tenir les mains du participant 1 de la ligne B ainsi : « la main droite prend le poignet gauche sur le dessus puis avec la main gauche on attrape le poignet droit du partenaire » (voir figure ci-contre). Ceux-ci constitueront les porteurs.

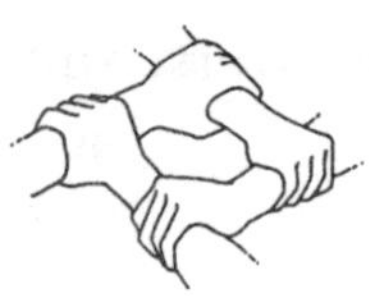

Au bout de ce « lit » constitué par les « porteurs », on aura placé une table. Le participant resté seul monte sur la table et tourne le dos au « lit ». Après un moment de concentration de la part de tous, celui-ci se laisse tomber en arrière, les yeux fermés, bien droit (bien couché) sur le « lit »... Plus les participants seront détendus, mieux se sera pour la bonne exécution de l'exercice.

À ce moment-là, les porteurs commencent à évoluer dans l'espace en avançant, reculant, tournant, à un rythme assez lent, puis très doucement, lèvent et abaissent les bras plusieurs fois.

À la fin de l'exercice, avec beaucoup de précautions, les porteurs posent sur le sol le participant couché qui se redressera sans brusquerie.

Tour à tour les participants prendront place sur la table afin que chacun soit « porteur » et « porté ».

Attention

- Il est très important que les attaches des mains soient solides mais non crispées. Bien recommander qu'il n'y ait aucune précipitation de la part des porteurs, un grand relâchement de celui qui est porté et une grande concentration de la part de tous : cet exercice peut être dangereux si ces règles ne sont pas respectées.

ILLUSTRATION EXTRAITE DE

J.-C. GRUMBERG
Les vacances

1. LE PÈRE – C'est-à-dire ?
2. LA MÈRE – C'est très mauvais de boire au soleil...
3. LE PÈRE – Pourquoi tu dis ça?

Bref silence.

4. LA MÈRE *(soupire, puis pour elle-même)* – C'est long ici on dirait...
5. LE PÈRE – Qu'est-ce qu'est long? Qu'est-ce qu'est long? On vient d'arriver... Pour une fois qu'on est au calme à l'abri du vent, du soleil et des cons, pour une fois qu'on a un peu d'espace et de silence, profitons merde, profitons, détendez-vous, soyez pas toujours...
6. LE PREMIER FILS – J'ai faim moi... On sait même pas ce qu'il y a... On pourrait nous donner la carte tout de même...
7. LA MÈRE – Ils en ont peut-être pas de cartes...

Un silence.

8. LE DEUXIÈME FILS – Alors qu'est-ce qu'on fait? On s'en va ou on reste?
9. LA MÈRE – Oh, on est bien non? On se repose, on est pas à deux minutes...
10. LE PÈRE – Là, voilà, voilà ça vient, ça rentre, enfin tu commences à...

Bref silence.

11. LE PÈRE *(poursuit)* – Pour ce qu'on a à foutre hein, entre nous, se faire chier ici ou ailleurs...

La mère soupire.

12. LE PÈRE – C'est vrai non. On est en vacances?

Silence.

13. LE PÈRE *(au premier fils)* – T'as encore la chiasse toi?
14. LE PREMIER FILS – Pardon?
15. LE PÈRE – T'as eu encore la chiasse ce matin?
16. LE PREMIER FILS – Non, maintenant je serais plutôt constipé.
17. LA MÈRE – C'est le médicament qui agit...
18. LE PREMIER FILS – Trop : même quand j'ai envie ça vient plus !
19. LA MÈRE – Vaut mieux ça que le contraire...

Bref silence.

COMMENTAIRE

– Entre les répliques 3 et 4, regard insistant du père et de la mère, le père étant mécontent du sous-entendu de la mère qui va finir par détourner le regard et la conversation (réplique 4).
– Regard insistant du père et de la mère entre les répliques 10 et 11.
– Entre les répliques 12 et 13, le père regarde le premier fils qui, se sentant regardé, va à son tour interroger fixement son père du regard, puis le père dira la réplique 13.

Ces temps de silence et ces regards seront très importants : c'est eux qui donneront le poids de l'attente des quatre personnages.

JEUX DE REGARDS 29

ENTRAÎNEMENT POUR

Personnage – Un muet ou un rôle muet.
Le rôle d'Estrugo dans *Le cocu magnifique*, de Fernand CROMMELYNCK.
Le rôle des enfants autistes dans l'adaptation de *Monsieur Butterfly* de Howard BUTTEN
– Certains regards, certains silences qui en disent long... : *Les vacances* de Jean-Claude GRUMBERG (voir texte ci-contre).

Objectifs
– Concentration.
– Les yeux comme point de contact.
– Les yeux comme instrument du langage.

Déroulement Les participants évoluent sur l'aire de jeu en marchant normalement. Au signal du meneur ils s'arrêtent et chacun d'entre eux va plonger son regard dans celui d'un partenaire, se regardant ainsi deux à deux, droit dans les yeux, sans aucune expression.
La durée de chaque arrêt sera d'environ 2 min 30. L'exercice sera exécuté quatre ou cinq fois en changeant de partenaire à chaque fois.

Prolongement 1 Même travail, mais les participants vont, seulement avec le regard, se raconter une histoire.

Prolongement 2 Le thème de l'histoire racontée par le regard sera imposé : vous vous racontez une histoire d'amour, une histoire triste, une histoire angoissante, etc.

Attention

Ce travail demande une grande concentration car plonger son regard dans celui de l'autre n'est pas chose aisée, et la difficulté, mais aussi le bénéfice de ce travail résident dans le temps d'exécution, que nous recommandons suffisamment long. Il est arrivé aux auteurs, avec des groupes dont la cohésion était très forte, d'*atteindre 15 minutes*.

30 La bulle

ENTRAÎNEMENT POUR

Personnage — Toute construction de personnage effectué à plusieurs : monstres, foule compacte, chœur antique grec...
Les sorcières dans *Macbeth* de William SHAKESPEARE
Les chœurs grecs dans *Lysistrata* d'ARISTOPHANE (cf. texte p. 66) ou dans *L'assemblée des femmes* d'ARISTOPHANE.

Objectifs

- Concentration de tout le groupe.
- Individualité mise au service du collectif.
- Contact sensible.
- Rythme collectif.

Déroulement

Le groupe des participants se réunit dans un coin de la salle de travail. Chacun est serré contre l'autre, en contact (il n'est pas obligatoire de se tenir par la main !).
Le meneur ayant désigné un point à un autre coin de la salle, le groupe s'y dirige, les yeux fixés sur ce point imaginaire.
La démarche du groupe est de faire comme si « on était tous dans une seule et même bulle », en faisant attention à trouver un seul et même rythme, un seul et même pas, une seule et même respiration.
Il faut être en équilibre et en assurance dans le groupe, individuellement, pour que le groupe par effet « boomerang » renforce cet équilibre et cette assurance.

Attention

Cet exercice peut être accompagné d'une musique douce et relaxante (cf. musicographie).

LE MIROIR 31

ENTRAÎNEMENT POUR

Scène — Toute scène où deux personnes ont à faire le même geste au même moment (miroirs, jumeaux...).

Objectifs

- Concentration.
- Écoute sensible de l'autre.
- Sens de l'observation.

Déroulement

L'ensemble des participants est réparti dans l'espace. Chacun est face à un autre à une distance d'environ un mètre, les yeux dans les yeux.
Après un temps de concentration d'une minute, afin d'évacuer tout rire, toute tension, et au signe du meneur l'un des deux partenaires effectue avec lenteur une série de mouvements que l'autre reproduit comme s'il était son miroir.
L'exercice s'effectue sans que les participants ne se quittent des yeux. Regard dans le regard de l'autre.
On n'essaiera pas de « déjouer » l'effet du miroir. Si l'un lève le bras droit c'est le bras gauche du partenaire qui se lèvera etc.

Attention

- Le meneur devra faire en sorte que tout le corps soit mobilisé pour ce travail et non pas essentiellement la partie du corps se situant au-dessus du bassin.
- Quand les participants « possèdent » bien cet exercice, il est possible de le travailler avec une légère évolution dans l'espace.
- Ne pas oublier que le visage aussi doit participer.
- Une musique douce est ici souhaitable (cf. musicographie).

32 Les mous et les durs

ENTRAÎNEMENT POUR

Scène	Toute scène où le corps humain est utilisé comme élément de décor, objet. Par exemple, un montage poétique (cf. bibliographie).

Objectifs

- Contact physique.
- Aspect ludique de la communication avec l'autre.
- Confiance.

Déroulement

Les participants se mettent deux par deux. Ceux qui agissent sont appelés *les durs*, ceux qui se laissent manipuler *les mous.*

Celui qui agit utilise le corps de son partenaire comme une énorme boule de pâte à modeler et en fait ce qu'il veut, mettant l'autre dans les positions les plus saugrenues, le portant, le posant, le traînant...

Il n'est absolument pas nécessaire de transformer son partenaire en une figure reconnaissable (boxeur, danseuse, écrivain...). Ici la place est laissée à l'imagination, le corps de l'autre devenant l'outil de la matérialisation de cette imagination.

Attention

Une seule règle, mais de taille : on ne doit jamais faire « souffrir » celui qui est mou.

LE PAPILLON SUR L'ÉPAULE 33

ENTRAÎNEMENT POUR

Scènes
Retrouvailles, par exemple :
– Les retrouvailles du Petit Poucet et de sa famille à la fin du conte de PERRAULT.
– Les retrouvailles de Blanche et Stella dans la première scène de *Un tramway nommé désir* de Tennessee WILLIAMS.

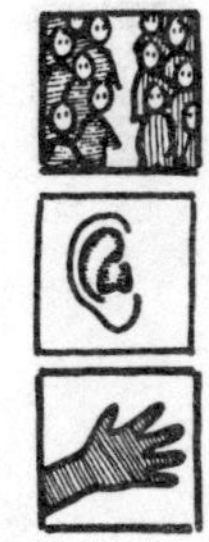

Objectifs
– Contact.
– Écoute de l'autre.
– Concentration.

Déroulement
Les participants sont scindés en deux groupes égaux dont le premier se dissémine dans l'espace, dos tourné au centre de la pièce, afin de ne pas voir les autres.
En silence et en respiration (c'est-à-dire parfaitement disponibles), les participants du second groupe choisissent individuellement un partenaire et se placent derrière lui en posant la main droite sur son épaule gauche avec douceur, tel un papillon se posant délicatement sur une fleur. Celui qui est de dos tâche de reconnaître par ce toucher son partenaire. Dès qu'il est sûr d'avoir retrouvé celui qui est derrière lui, il vient poser sa main droite sur la main qui recouvre son épaule comme pour lui dire : « Je t'ai reconnu ! » Ensuite il se retourne et se rend compte en silence de son erreur ou de sa réussite.

Attention

▸ Pour que cet exercice prenne tout son sens de concentration et d'écoute de l'autre, il est nécessaire de le faire se dérouler en silence ou avec un fond musical très doux (cf. musicographie).

34 LA FILE INDIENNE

ENTRAÎNEMENT POUR

Que chacun se connaisse en début d'année ou en début de stage.
Que chaque participant à un spectacle en connaisse les personnages (les prénoms seront remplacés par les noms des personnages, éventuellement par ordre d'entrée en scène).

Objectifs

– Connaissance de chaque membre du groupe.
– Comment se situer par rapport au groupe.

Déroulement

Tous les participants évoluent sur l'aire de jeu en marchant à un rythme normal.
Au signal du meneur, les participants vont devoir se ranger les uns derrière les autres, *du plus petit au plus grand*, sans aucune hésitation.

Prolongement

Même principe de départ mais, au signal du meneur, les participants vont se mettre sur une ligne, en se rangeant par ordre alphabétique des prénoms, la première lettre côté jardin, la dernière côté cour[1].
Si les participants ne se connaissent pas très bien, leur faire redire leurs prénoms avant de commencer l'exercice.
Une fois l'exercice terminé faire dire, pour vérification, les prénoms en reprenant de jardin à cour.

1. Cour et jardin : en langage de théâtre, lorsque l'on regarde un plateau, le jardin est à gauche, la cour est à droite.

ECOUTE ET RYTHME

Les exercices qui suivent ont pour but d'accroître le travail de contact et de confiance entre les participants.
En y ajoutant des contraintes rythmées, on renforce ainsi la concentration et l'écoute nécessaires à l'édification et à la réussite d'un exercice travaillé en commun.
Ils obligent aussi à un investissement corporel dans l'espace et préparent à une souplesse du corps et du mental, en bref à une disponibilité réelle, ce qui reste la meilleure base pour l'improvisation que nous abordons plus loin (p. 100).
Quand les pratiquer? Après les exercices de contact (p. 69) dont ils sont la continuité logique.
Dans le cadre d'un stage, afin de recentrer la vigilance du groupe, il est bon de les utiliser juste avant une pause, pendant laquelle elle est désamorcée.

35 LE CHAT ET LA SOURIS

ENTRAÎNEMENT POUR

Personnages – Le rapport des trois personnages, Blanche, Stella, Stanley dans *Un tramway nommé désir* de Tennessee WILLIAMS, acte III, scène 2.
– Le rapport de Victor avec les autres personnages dans *Victor ou les enfants au pouvoir* de Roger VITRAC.

Objectifs

– Reconnaître sa place dans le groupe.
– Se situer par rapport à chaque membre du groupe.
– « Ce que je suis par rapport à l'autre dans le groupe. »

Déroulement

Tous les participants évoluent en marchant, sur l'aire de jeu. Chacun va choisir mentalement, sans l'énoncer, une personne qu'il va défendre et une personne qu'il craint. Tout en continuant de marcher, il va se rapprocher de la personne qu'il veut défendre et fuir celle qu'il craint. Cela se fera en grande concentration, investi de sincérité et sans aucune parole.
Évidemment, nombreuses seront les possibilités, l'important est que l'écoute se fasse entre chaque membre du groupe. (On ne peut changer en cours de route les personnes que l'on a choisies au début de l'exercice.)

L'œil extérieur du meneur doit capter qui est craint et qui est protégé et par qui.

DANSER L'AUTRE 36

ENTRAÎNEMENT POUR

Personnage — Tout personnage à caractère « dansé » et peu loquace. Par exemple, elfes, farfadets, génies dans les contes ou enfants jouant dans des spectacles avec des adultes et ne parlant pas.
Ariel dans *La tempête* de William SHAKESPEARE.

Objectifs

- Concentration.
- Écoute de l'autre.
- Développement de l'esprit de synthèse.
- Connivence avec le partenaire.

Déroulement

On choisit deux participants. L'un est assis sur une chaise face au groupe, l'autre est debout à proximité de lui, de dos, concentré et à l'écoute de son partenaire. Celui qui est assis raconte une histoire courte (environ une minute), la plus vivante, la plus imaginative, voire la plus folle possible. Au signal « Voilà, c'est fini », celui qui était de dos se retourne et, sans réflexion aucune, danse l'histoire de l'autre dans un temps similaire à celui de la narration.

Le « danseur » n'est pas obligé de raconter toute l'histoire. Il peut n'en prendre qu'une partie, ou n'interpréter qu'un des personnages éventuels. Ce qui compte c'est « comment l'histoire de l'autre s'est inscrite dans son corps au moment de sa narration »... et comment cela est retraduit aux autres !

37 DIAMONOLOGUE

ENTRAÎNEMENT POUR

La mémorisation d'un texte.
La retranscription d'un débat animé (débat télévisé, scène de tribunal...).

Objectifs Travail de la mémoire et simultanément travail de l'écoute.

Déroulement Les participants sont deux par deux. Ils se mettent à genoux l'un face à l'autre et vont devoir simultanément se raconter une histoire. Seule la parole est en jeu, les exécutants ne faisant aucun geste. Il s'agit donc d'écouter et de mémoriser une histoire qui nous est racontée tout en racontant soi-même une histoire (qui sera si possible inventée).
Le meneur donnera le signal de départ et arrêtera l'exercice quand il le jugera bon (environ 5 minutes).
Les deux exécutants raconteront ensuite à tout le groupe l'histoire qu'ils viennent d'entendre (ce qu'ils en ont retenu), sans que celui qui a raconté n'intervienne.

Attention

- Cet exercice demande une grande concentration, il est donc nécessaire d'y préparer les participants en prévoyant un exercice de décontraction mentale (voir l'exercice 12, « le mur humain »).

- Le meneur peut soit faire travailler tous les couples en même temps (prévoir dans ce cas une distance assez grande entre eux afin qu'ils ne se gênent pas au niveau du son), soit faire travailler couple après couple (dans ce cas, le reste du groupe sera attentif à la façon de procéder des exécutants et essaiera de mémoriser les deux histoires simultanément).

La fleur 38

Objectifs
- Activation du schéma corporel.
- Écoute et attention collectives.
- Expression corporelle.

Déroulement
Le meneur détermine (à la voix ou en frappant des mains, etc.) une séquence rythmée de quatre temps, qui reviendra toujours avec le même tempo.
Chaque participant, en suivant ce rythme, va dessiner une fleur imaginaire au sol selon le principe suivant :

- tige —> 4 temps ;
- pétale de gauche —> 4 temps ;
- pétale de droite —> 4 temps.

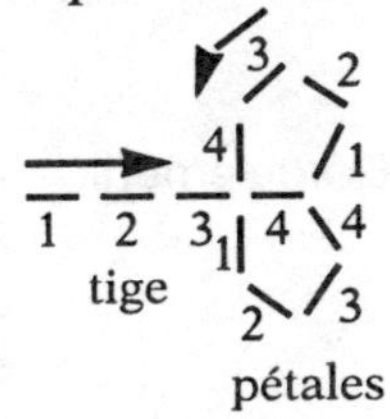

Chaque participant part quand celui qui le précède commence à esquisser le pétale de gauche, c'est-à-dire tous les quatre temps.
Bien entendu, on dessine plusieurs fleurs au sol tant que l'espace à disposition le permet.
Il est préférable, pour une bonne spatialisation du groupe, d'insister sur le dessin des pétales en baissant légèrement le corps et en arrondissant les bras dans le geste du semeur, la tige se dessinant debout et bien droit.

Attention

▸ Le meneur doit, de l'extérieur, rythmer l'exercice pendant tout son déroulement.

39 PROVOCATION

ENTRAÎNEMENT POUR

Scènes Des chœurs et Des choryphées[1].
Lysistrata d'ARISTOPHANE (voir texte p. 66).

Objectifs

- Coordination du geste et de la voix.
- Donner une signification à un mouvement.
- Trouver un rythme commun à un groupe.
- Communiquer par le mouvement.

Déroulement

Le groupe est divisé en deux (A et B), chacun se mettant à une extrémité de l'aire de jeu. Chaque groupe aura son meneur qui se déterminera au dernier moment et selon la règle de l'exercice Mer/Montagne (n° 4).

1. Le meneur A va émettre un son accompagné d'un mouvement (très rythmé, très « plastique », très significatif) et va avancer d'un pas à chaque mouvement. Les participants du son groupe vont reprendre en même temps que lui le son et le mouvement (voir « 22/ Les mouvements sonores »). Tout en avançant vers le milieu de l'aire de jeu, où il s'arrêtera, le groupe A va provoquer, interpeler le groupe B. L'ensemble doit être « parlant » comme une question dansée.
Le groupe A étant arrêté, le groupe B va lui répondre de la même façon : un mouvement/un son/un pas.

2. Les deux groupes se trouvant au milieu de l'aire de jeu vont reprendre le même travail mais en reculant et en changeant de meneur (toujours selon la règle de l'exercice n° 4).

Mouvements des groupes schématisé

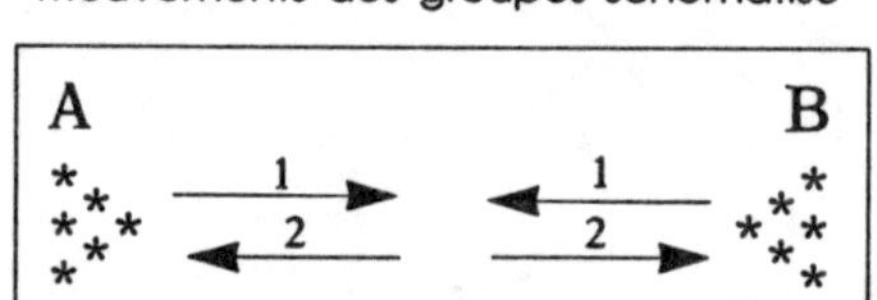

1. Choryphée : meneur du chœur dans les tragédies grecques.

3. Répéter l'avancée et le recul plusieurs fois, une histoire dansée va ainsi être racontée.

Attention

- Le meneur doit insister sur le fait que l'ensemble doit être très rythmé, fait avec beaucoup de conviction, chaque mouvement devant avoir une signification précise (même si ce mouvement s'inscrit dans l'imaginaire ce qui serait souhaitable).
- Chaque groupe doit être très homogène (voir l'exercice 30, La bulle).
- Le contact ainsi que l'écoute sont donc extrêmement importants dans cet exercice.

40 Le défilé

Objectifs

- Activation du schéma corporel.
- Sens du rythme collectif.
- Écoute et attention collectives.

Déroulement

Le meneur détermine (à la voix ou en frappant dans ses mains, etc.) une séquence rythmée de 5 temps. Les participants se placent sur une ligne les uns à côté des autres, comme pour se préparer à un défilé, en se serrant.

Le groupe avance en énonçant les temps à voix haute, au fur et à mesure de son évolution dans l'espace. On dit : 1,2,3,4,5 en marchant. Puis 1,2,3,4 parlés et marchés, le 5e temps étant parlé mais le groupe restant figé. Puis 1,2,3 sont parlés et marchés, 4 et 5 étant parlés seulement. Puis 1,2 sont parlés et marchés, 3,4,5 étant parlés immobiles. Enfin 1 est parlé et marché, 2,3,4,5 étant parlés mais non marchés. Et on reprend la série à son début !

Attention

- Le meneur doit montrer d'abord seul l'enchaînement total. Il doit donc, évidemment, le posséder parfaitement.
- Les 5 premiers temps pleins étant enchaînés avec 4 temps pleins et 1 temps vide (c'est-à-dire parlé mais non marché), il s'agit donc au démarrage de 9 temps pleins d'affilée (c'est-à-dire parlés et marchés).

LE JEU DRAMATIQUE

Le jeu dramatique fera appel à toutes les techniques développées dans les exercices des cinq premiers chapitres.
Pour les exercices qui suivent, l'exécutant sera en constante recherche. Ici, la notion de « parfait » n'existe pas car, dans la recherche d'un état ou lors d'une improvisation, l'exécutant pourra toujours faire « autrement », « aller plus loin » et toute proposition sera et devra être acceptée.
Le point de départ de ces exercices sera toujours la stimulation de l'imagination.

LES ÉTATS

DANS QUEL BUT ?

Afin d'aller toujours à l'essentiel d'une émotion. Afin aussi d'éliminer les clichés, la parodie ou l'imitation.
Ce travail est fondé sur la vérité de chaque participant. Une émotion, même la plus commune, est toujours exprimée de façon différente par chacun pour peu qu'on lui laisse la possibilité de travailler en harmonie et en confiance.

Quand le participant est étonné de sa capacité à traduire une émotion, à la « gérer » (donc à la communiquer efficacement), vous pouvez vous dire que vous êtes sur « la bonne voie » !

QUAND ?

En fin de séance. Il faut avoir préparé les participants à ce travail par un échauffement physique et mental amenant une meilleure disponibilité.

Il est à noter que le travail sur les états demande au préalable une bonne relaxation générale, musculaire et mentale. L'état de départ doit être la neutralité donc une disponibilité à interpréter, à montrer un état différent de celui dans lequel on est.

« Être en état » est une manière d'être, un comportement qui doit engager toute la personne.

LES STATUES 41

Objectifs

- Expression du masque.
- Expression corporelle.
- Recherche de la spontanéité.
- Extériorisation d'une émotion.

Déroulement

En marche rythmée, les exécutants évoluent sur toute l'aire de jeu. Au signal du meneur ils s'arrêteront et seront « statues ». Le signal étant un mot donnant l'état de la statue. À titre d'exemples : statue gaie, statue triste, statue énervée, statue amoureuse, statue malade, etc. Les participants resteront dans cet état, sans faire aucun mouvement, environ 1 minute 30 ; puis au signal du meneur ils reprennent leur marche dans la plus parfaite neutralité.

Attention

- Aucune réflexion, aucune « intellectualisation » de l'émotion ne devra être faite par l'exécutant. Le mot étant donné, l'état doit, dans la seconde qui suit, trouver une expression physique.

ILLUSTRATION EXTRAITE DE

MOLIÈRE
Le bourgeois gentilhomme
acte III, scène 2

1. NICOLE. – Hé bien ! Monsieur, voilà qui est fait, je ne rirai plus.
2. M. JOURDAIN. – Prends-y bien garde. Il-faut que pour tantôt tu nettoies...
3. NICOLE. – Hi, hi !
4. M. JOURDAIN. – Que tu nettoies comme il faut...
5. NICOLE. – Hi, hi !
6. M. JOURDAIN. – Il faut, dis-je, que tu nettoies la salle, et...
7. NICOLE. – Hi, hi !
8. M. JOURDAIN. – Encore !
9. NICOLE, *tombant à force de rire.* – Tenez, Monsieur, battez-moi plutôt et me laissez rire tout mon soûl, cela me fera plus de bien. Hi, hi, hi, hi, hi !
10. M. JOURDAIN. – J'enrage !
11. NICOLE. – De grâce, Monsieur, je vous prie de me laisser rire. Hi, hi, hi !
12. M. JOURDAIN. – Si je te prends...
13. NICOLE. – Monsieur...eur, je crèverai...ai, si je ne ris. Hi, hi, hi !
14. M. JOURDAIN. – Mais a-t-on jamais vu une pendarde comme celle-là, qui me vient rire insolemment au nez, au lieu de recevoir mes ordres ?
15. NICOLE. – Que voulez-vous que je fasse, Monsieur ?
16. M. JOURDAIN. – Que tu songes, coquine, à préparer ma maison pour la compagnie qui doit venir tantôt.
17. NICOLE, *se relevant.* – Ah ! par ma foi, je n'ai plus envie de rire ; et toutes vos compagnies font tant de désordre céans que ce mot est assez pour me mettre en mauvaise humeur.
18. M. JOURDAIN. – Ne dois-je point pour toi fermer ma porte à tout le monde ?
19. NICOLE. – Vous devriez au moins la fermer à certaines gens.

COMMENTAIRE

De la réplique 1 à la réplique 14, le rire de Nicole va croissant ; le passage à l'état de colère s'amorce à la réplique 15 pour s'affirmer à la réplique 17.

DANS TOUS SES ÉTATS 42

ENTRAÎNEMENT POUR

Personnage Tout personnage passant d'un état à un autre sans temps de réflexion par exemple :
La fin de la scène de Nicole dans *Le bourgeois Gentilhomme* de Molière, acte III, scène 2.

Objectifs

- Travail de la rapidité mentale d'exécution (réagir immédiatement à une consigne).
- Travail de l'expression.
- Sincérité.

Déroulement Cet exercice demandant une grande concentration, nous conseillons au meneur de faire exécuter auparavant l'exercice de décontraction mentale suivant :

Travail de décontraction mentale : chacun à son tour commence, sur place, un mouvement simple et répétitif (balancement des bras ou sautillements, mouvement du buste, etc.). Puis le meneur donne un mot et l'exécutant doit dire tous les mots que cela lui évoque (prévoir environ 2 minutes pour ce travail).

Exercice : L'exécutant commence à raconter une histoire (inventée ou connue) de la façon la plus neutre possible puis le meneur va le solliciter : « continue « énervé » ou « apeuré », « gai », « triste » ou bien « en dansant », « en bégayant »... » (ces états ne sont donnés qu'à titre d'exemples car les possibilités sont multiples). Il va donc devoir, sans s'arrêter, continuer son histoire dans **l'état** demandé.
Aucun arrêt, aucun temps de réflexion ne doit être pris. Au meneur de juger si les demandes doivent se succéder lentement ou rapidement. L'histoire doit cependant garder toute sa cohérence.

Attention

▶ Le meneur doit veiller à ce que ce soit bien l'état du participant qui change et non l'état des personnages éventuels de l'histoire.

ILLUSTRATION EXTRAITE DE

Bertold BRECHT
La bonne âme de Se-Tchouan
Scène 7

1. CHEN-TE Comment traitez-vous votre semblable ! N'avez-vous
Aucune compassion pour le fruit
De vos entrailles ? Nulle pitié
Pour vous-mêmes, ô malheureux ! Eh bien, moi,
Je défendrai au moins le mien, dussé-je
Me changer en tigre. Oui, désormais,
Ayant vu ça, je veux me couper
De tous, et je n'aurai de cesse
Que je n'aie sauvé mon fils, au moins lui !
Ce que j'ai appris du ruisseau, mon école,
À coups de poings et de tricheries, à présent
Que cela te serve, fils. Pour toi
Je serai bonne, tigre et fauve
Pour tous les autres, s'il le faut. Et
Il le faut.

2. *Elle part se transformer en cousin. En partant* : Une fois encore, c'est nécessaire ; la dernière fois, j'espère.
Elle a emporté le pantalon de Chui Ta. La veuve Chin, de retour, la suit des yeux avec curiosité. Entrent la belle-sœur et le grand-père.
LA BELLE-SŒUR – La boutique fermée, le mobilier dans la cour ! C'est la fin !
LA VEUVE CHIN – Le résultat de la frivolité, de la sensualité, de la vanité ! Et où cela nous mène-t-il ? En bas ! Dans les baraques de monsieur Chou Fou ! Chez vous !
LA BELLE-SŒUR – Alors là, elle va être étonnée ! Nous sommes venus nous plaindre ! Des trous à rats aux planchers pourris ! Le barbier ne les a donnés que parce que ses stocks de savon y moisissaient. « Je vous propose un toit, qu'en dites-vous ? » Une honte, on en dit !
Entre le chômeur.
LE CHOMEUR – C'est vrai que Chen Té déménage ?
LA BELLE-SŒUR – Oui. Elle voulait filer en douce, pour que ça passe inaperçu.
LA VEUVE CHIN – Elle a honte, car elle est ruinée.
LE CHOMEUR, *excité* – Il faut qu'elle appelle son cousin ! Conseillez-lui d'appeler le cousin ! Lui seul peut encore faire quelque chose.
LA BELLE-SŒUR – Ça, c'est vrai ! Il est plutôt avare, mais en tout cas il lui sauvera la boutique, et elle continuera de donner comme avant.
LE CHOMEUR – Je ne pensais pas à nous, je pensais à elle. Mais c'est juste, pour nous aussi il faudrait l'appeler.
Entre Wang avec le menuisier. Il mène deux enfants par la main.
LE MENUISIER – Je ne sais vraiment pas comment vous remercier. *Aux autres.* Il paraît qu'on va nous loger.
LA VEUVE CHIN – Où ?
LE MENUISIER – Dans les maisons de monsieur Chou Fou ! Et c'est le petit Feng qui est à l'origine de ce revirement. Ah, te voilà ! « Il y a quelqu'un ici qui demande un toit », aurait dit mademoiselle Chen Té, et aussitôt elle nous a procuré le logement. Remerciez votre frère, vous autres ! *Le menuisier et ses enfants s'inclinent gaiement devant l'enfant.* Merci, demandeur de toit !
Chui Ta est sorti de la boutique.

3. CHUI TA – Puis-je vous demander ce que vous attendez tous ici ?
LE CHOMEUR – Monsieur Chui Ta !
WANG – Bonjour, monsieur Chui Ta. Je ne savais pas que vous étiez de retour. Vous connaissiez le menuisier Lin To. Mademoiselle Chen Té lui a promis un abri dans les maisons de Monsieur Chou Fou.
CHUI TA – Les maisons de monsieur Chou Fou ne sont pas libres.

COMMENTAIRE

Toute la réplique 1, Chen Té est Chen Té. La réplique 2 sera dite en aparté (voir exercice 14). À la réplique 3, Chen Té revient en Chui Ta. Elle devra, le temps des 11 répliques dites sur le plateau, passer d'un rôle féminin à un rôle masculin (changement de costume, de démarche, d'attitude, etc.).
Cette transformation doit se faire avec rapidité, Chen Té devant arriver à la réplique 3 complètement méconnaissable.

DU JOUR À LA NUIT 43

ENTRAÎNEMENT POUR

Personnage — Tout personnage changeant d'état.
Chen Té/Chui Ta dans *La bonne âme du Se-Tchouan* de Bertold BRECHT (voir texte ci-contre).
Toinette dans *Le malade imaginaire* de MOLIÈRE, acte III, scènes 7,8,9,10.
La belle et la bête de J.-M. LEPRINCE DE BEAUMONT,
Cendrillon de Charles PERRAULT
Dom Perlimplin de Federico GARCÍA LORCA
Le jeu de l'amour et du hasard de MARIVAUX.

Objectifs
- Rapidité d'exécution.
- Expressivité corporelle.
- Concentration.

Matériel Panneau ou paravent.

Déroulement On installe au centre de l'aire de jeu un panneau suffisamment haut pour pouvoir dissimuler une personne.
Le participant travaille de cour à jardin : il part de cour avec un état qu'il montre de manière claire. Arrivé au panneau placé parallèlement au groupe, il disparaît derrière et réapparaît avec un état différent.
Le participant doit s'investir dans chacun des états de la même manière. On ne doit pas sentir le passage à l'autre état. Il doit être brusque. Le corps accompagne l'état, il ne le signifie qu'après un engagement qui doit être de « l'intérieur ».
On peut travailler dans un premier temps sur des états antagonistes de manière claire et nette. Exemples : la beauté/la laideur, la vie/la mort, la joie/la souffrance. On ne fait pas intervenir de texte, juste des sons ou éventuellement des onomatopées. Le texte ne doit pas faire écran au travail mental et corporel.
Dans un deuxième temps, les états peuvent être liés entre eux dans un processus de logique d'action. Exemples : la recherche/la découverte, la grossesse/l'accouchement....

44 Le dominant et le dominé

ENTRAÎNEMENT POUR

Personnage — Tout personnage qui en domine un autre de manière forte ou brutale.
Le rapport de Stanley et Stella dans *Un tramway nommé désir* de Tennessee Williams
Le rapport de Martha et Georges dans *Qui a peur de Virginia Woolf* de Edward Albee
Le rapport de Arnolphe et Agnès dans *L'école des femmes* de Molière.

Objectifs
- Apprentissage de la notion de rapport de forces.
- Reconnaissance de l'autre.
- Écoute de l'autre.

Déroulement
Le meneur détermine deux espaces distincts, séparés par un trait de craie au sol : l'un des espaces est celui du dominant, l'autre celui du dominé. Le trait de craie, dans sa fine largeur, est considéré comme espace de neutralité.
L'un des participants occupe un espace, devenant alors « dominant » ou « dominé », l'autre participant dans l'autre espace devenant son contraire.
Les deux participants, pour saisir au mieux la richesse de cet exercice, se doivent de jouer au maximum sur la distance entre eux et sur la possibilité d'être tour à tour « dominant » ou « dominé » (ou « neutre »), en glissant d'un espace à l'autre.

Attention

- Le meneur essaiera, dans son explication de l'exercice, de « pousser » les deux participants à rendre vivante et dynamique la zone dite « neutre ». Ligne fine et étroite certes, mais où l'on n'est ni « dominant » ni « dominé » !
- Les deux participants peuvent très bien être dominants ou dominés ensemble s'ils se retrouvent dans un même espace ! À eux de trouver quel(s) personnage(s) imaginaire(s) occupe(nt) l'autre fonction.

Expression en 6 numéros 45

ENTRAÎNEMENT POUR

Un comédien qui aurait dans un même spectacle plusieurs personnages à interpréter.

Objectifs

- Travail sur la rapidité d'interprétation et d'exécution.
- Recherche de l'expressivité physique.
- Développer l'imagination.

Déroulement

Tous les participants (6 au maximum) sont sur l'aire de jeu et marchent naturellement et dans une attitude la plus neutre possible. Ils vont choisir mentalement un numéro de 1 à 6. Le meneur appelle un numéro : le ou les participants qui l'auront choisi vont, tout en continuant de marcher, interpréter physiquement un personnage (humain ou non), les autres continuant leur marche neutre.

Au bout de 1 minute 30 ou 2 minutes, le meneur dit « stop » et tous reprennent une marche neutre. Ceux qui viennent d'être appelés changent mentalement leur numéro.

Les participants doivent trouver des personnages différents à chaque fois qu'ils sont appelés.

Attention

- Le meneur incitera les participants à se détacher le plus possible de la vie quotidienne et à trouver des attitudes physiques pour interpréter des personnages tels que le vent, la mer, une fleur ou bien un sentiment, une couleur, un personnage imaginaire…
- De l'extérieur, on doit être surpris par l'interprétation même si on ne peut pas reconnaître le personnage interprété.
- Le meneur doit multiplier rapidement les passages, et il peut même en fin d'exercice appeler tous les numéros à la fois.

LES IMPROVISATIONS

DANS QUEL BUT?

L'improvisation est un travail fondamental dans l'articulation du fait théâtral tel que nous le définissons ici au travers de ces exercices. Nous pouvons même dire que tous les exercices tendent à préparer le terrain pour son éclosion.
L'improvisation est le lieu de la découverte de la liberté. Liberté de créer, de s'exprimer, de construire au gré du développement de son imaginaire.
C'est dans l'improvisation que le don se réalise.
C'est dans l'improvisation que le contact, l'espace, la voix... trouvent leur finalité.
Celui qui improvise se doit de comprendre de l'intérieur ce qui a toujours rendu paradoxal l'art du comédien : la notion de « lâcher-prise », de laisser-aller (expliquée p. 57), associée intimement à la notion de distance et d'analyse.
La contrainte est ici nécessaire. Elle est le garant de la liberté.

QUAND?

En fin de séance principalement.

ÊTRE OU NE PAS ÊTRE UNE CHAUSSURE 46

ENTRAÎNEMENT POUR

Le principe de cet exercice peut s'apparenter à la démarche littéraire de Jean TARDIEU dans son œuvre *Un mot pour un autre* dans laquelle il s'emploie à détourner les mots de leur usage courant.

Objectifs

– Développer l'imaginaire et l'imagination.
– Travail du rapport à l'objet.

Déroulement

Les participants sont assis face à l'aire de jeu. L'un d'entre eux improvise à partir d'un objet imposé par le meneur. Cet objet sera usuel, c'est-à-dire qu'il n'aura rien d'insolite (chaise, chaussure, foulard...), la contrainte étant : « l'objet doit être détourné de sa fonction. »
Si c'est une chaussure, au cours de l'improvisation, celle-ci sera tout sauf une chaussure. (Elle peut être un bébé, un téléphone, un bouquet de fleurs, etc. Place à l'imagination!)
En outre cet objet devra faire partie intégrante de l'histoire et ne pas seulement intervenir un bref instant.
Exemple : si la chaussure est un bébé, on ne doit pas aller le coucher dès le début de l'improvisation puis continuer seul le travail, mais dialoguer, jouer, travailler, etc. avec lui pendant toute la durée de l'improvisation.

Le thème est libre, la durée n'excèdera pas une dizaine de minutes.

Attention

➤ Le meneur devra être très attentif au fait que la contrainte doit être respectée. Toutes les propositions, bien entendu, seront acceptées.

47 L'OFFRANDE

Objectifs

– Détourner un objet usuel de son utilité habituelle.
– Développement de l'imaginaire.
– Ludisme.

Déroulement

Cet exercice se déroule en trois temps :

1. On demande à chaque participant, la veille de la séance, de venir avec un objet usuel quel qu'il soit (fourchette, foulard, cendrier...).

2. Les participants en cercle s'offrent ces objets. Pour cela, un par un, chacun va remettre à un partenaire cet objet, en lui attribuant une caractéristique et une fonction, différents de son usage premier, et cela à voix haute afin que tous puissent être témoins du nouveau sens de l'objet.
Par exemple : soient au départ des lunettes de soleil, un participant allant vers un autre dit : « Je t'offre Zouzou, ce beau petit chien de deux ans que j'ai trouvé dans un bois, dimanche dernier. Je pense que tu es plus à même que moi de t'en occuper. »
Le participant à qui l'objet a été offert se retrouve donc avec des lunettes de soleil qui sont en fait le petit chien Zouzou !

3. Après un temps de réflexion et de concentration d'environ dix minutes, les participants, un par un, développent face au groupe une courte improvisation en racontant une histoire à partir de l'objet offert transformé.

LES GROS MOTS 48

Objectifs
– Invention de mots.
– Interprétation collective.
– Écoute du partenaire.

Déroulement Le meneur campe la situation suivante : une salle de classe sagement à l'écoute de son professeur. Après son départ, les enfants, ayant reçu l'ordre de rester dans un silence absolu, rompent petit à petit ce silence en s'invectivant par chuchotements discrets et en n'utilisant que des « gros mots » de leur invention.

Attention

- Cet exercice n'est en aucun cas prétexte à critiquer un professeur existant ou à pouvoir dire les « gros mots » employés dans la vie courante.
- Tout comme les exercices « être ou ne pas être une chaussure » (n° 46) et « L'offrande » (n° 47), il s'agit de détourner le sens courant d'un mot pour l'investir d'un autre sens au service de l'improvisation. (Traiter quelqu'un de « fourchette ! » ou de « pomme de terre ! » peut devenir ici une injure redoutable !)
- La manière de dire le « gros mot », l'intonation a, bien entendu, une importance primordiale.

49 LES MACHINES RYTHMIQUES

ENTRAÎNEMENT POUR

Personnages Monstres : extra-terrestres, ordinateurs, voitures, machines en tous genres, trains, etc.

Objectifs
- Concentration de tout le groupe.
- Accepter les propositions des autres et s'en servir.

Déroulement Tous les participants sont assis face à l'aire de jeu. Le meneur explique l'exercice : un par un les participants vont devoir aller sur l'aire de jeu et faire un mouvement accompagné d'un son ou d'un bruit, chacun devenant ainsi la pièce d'une machine.

Un premier exécutant va donc proposer un son plus un mouvement (et le continuer jusqu'à la fin de l'exercice). Immédiatement, un deuxième propose à son tour un son et un mouvement. Ils peuvent travailler en contact physique ou non, mais obligatoirement en contact *rythmique*. Chacun doit avoir présent à l'esprit que sans lui la pièce d'à côté ne peut marcher.

Quand tous les participants sont en place, la machine est construite et le meneur va lui demander, soit de fonctionner au ralenti, soit de s'emballer, soit de revenir à une vitesse normale. Cela doit se faire sans qu'aucune des pièces de la machine ne s'arrête : on doit toujours travailler en contact avec toutes les autres pièces.

De l'extérieur, on doit vraiment avoir devant soi une machine qui fonctionne.

Bien entendu, les participants n'ont pas le droit de se concerter en début d'exercice : il s'agit d'une improvisation.

Attention

- Si le premier essai n'est pas concluant, en faire faire un deuxième voire un troisième.
- Si le groupe est très important (plus de 20 personnes), faire construire simultanément deux machines qui peuvent se défier.

Prolongement *La machine amoureuse.* Le déroulement est identique mais :
- le geste sera obligatoirement un geste d'amour;
- le son sera un mot ou une courte phrase ayant trait à l'amour.

Les 36 personnages 50

ENTRAÎNEMENT POUR

Personnages Plusieurs personnages interprétés par la même personne.

Objectifs
- Composer un personnage.
- Rapidité d'exécution.

Déroulement Le meneur déclare au groupe qu'il aimerait voir défiler devant lui 36 personnages différents. Dès qu'il appelle le numéro 1, l'un des participants vient et, tout en composant physiquement un personnage, en donne la profession et la raison d'être. Le meneur appelle ensuite le numéro 2 et un autre participant présente un autre personnage... ainsi de suite jusqu'au trente-sixième.

Attention

- Cet exercice doit être exécuté avec une grande rapidité, chaque personnage se présentant pendant une quarantaine de secondes pas plus.
- Les participants (sauf si vous avez un groupe de 36 personnes, ce que nous ne vous souhaitons pas!) peuvent passer plusieurs fois mais en interprétant des personnages différents à chaque fois.
- Ici, l'imagination est libre : un martien peut précéder un camionneur qui peut lui-même précéder un chewing-gum ou une institutrice à la retraite !
- Le meneur peut appeler plusieurs numéros ensemble. Dans ce cas, les participants ont le choix entre l'interprétation d'un groupe constitué (militaires, supporters...) avec des présentations individuelles ou de plusieurs individus réunis ici par hasard.

51 Le mentir vrai

Objectif

– Travail de la sincérité.
– Comment se donner les moyens d'ouverture et de sincérité pour laisser venir l'émotion.
– Recherche de la charge à avoir pour donner le maximum de son état.

Déroulement

Le participant est au milieu de l'aire de jeu, dos au public. Le meneur lui laisse le temps pour trouver un état de disponibilité et de concentration, puis lui donne un nom ou un verbe. *Immédiatement,* sans aucun temps de réflexion, l'exécutant va se retourner et improviser sur ce mot (improvisation physique et non verbale). La durée de l'improvisation est d'environ 3 minutes. Quand il ne reste que 15 secondes, le meneur l'annonce pour que l'exécutant puisse donner une fin à son histoire (faire le moins possible allusion à la réalité quotidienne).

Cet exercice demande un très grand investissement de départ dans le « laisser-aller » (voir p. 57) et c'est parce qu'il n'y a pas de temps entre le mot inducteur et l'improvisation que la charge pourra être forte.
L'exécutant ne doit pas intellectualiser le mot : dès qu'il l'entend, son premier geste doit être spontané. Il peut surprendre l'exécutant qui doit se faire confiance.
La provocation du meneur s'apparentant à une question, une bonne réponse se reconnaît au fait qu'« elle a immédiatement un sens et pour l'exécutant et pour le spectateur ».

Prolongement

Même travail à partir d'une musique. Dès les premières notes, l'exécutant commence à « raconter » une histoire. Là encore, le texte se limitera à des sons ou onomatopées : aucune réflexion, l'exécutant se laisse guider par la musique.

Les petits papiers 52

ENTRAÎNEMENT POUR

Parer l'erreur de texte éventuelle que pourrait faire un partenaire : rattraper l'erreur et s'en servir pour continuer à jouer.

Objectifs
– Rapidité d'exécution.
– Contrôle verbal, contrôle de soi.
– Vigilance au texte du partenaire, écoute.

Déroulement
1, 2 ou 3 participants sont assis autour d'une table sur l'aire de jeu et vont devoir improviser sur un des thèmes suivants : un débat télévisé, le sermon d'un prêtre, une conférence, une interview, etc.
Sur la table seront disposés des papiers pliés en deux sur lesquels seront inscrites des phrases trouvées au hasard dans des magazines.
Voici, à titre d'exemples, des phrases que nous avons utilisées lors d'un de nos ateliers :
1. Chez Pasdeloup payez vos lunettes en quatre fois sans frais.
2. La Fondation Abbé Pierre crie son indignation.
3. L'amour vient sournoisement comme un voleur (Jean Genet).
4. La renommée de la famille Bouglione n'est plus à faire.
5. Canal Plus, la télé pas comme les autres.
6. Électeur centre gauche ne ronflant pas cherche femme mariée pour jardin secret.
7. Lorsque la vie est une priorité les sapeurs-pompiers sont hommes de tous les dangers.
8. Les locations sont ouvertes vingt jours avant la date du spectacle.
9. Renault Service : c'est bien d'être compris.
10. Qu'est-ce qui unit une femme, un enfant et un homme ?
11. *Bérénice* est la plus simple des tragédies.
(Bien entendu, ces phrases seront adaptées à l'âge des participants.)

La ou les personnes vont donc commencer à improviser sur le thème choisi et, au signal du meneur (environ 3 minutes après le début du travail), vont prendre à tour de rôle un « petit papier », lire la phrase écrite et *immédiatement* l'inscrire oralement dans ce qu'ils sont en train de dire.
Si cela n'est pas fait immédiatement, la contrainte est détournée car le participant peut créer un contexte pour amener cette phrase, ce qui n'est pas l'objectif de l'exercice. L'effet de surprise, surtout dans un travail à plusieurs, doit être visible, ce qui n'en sera que plus drôle. Mais en revanche, une fois la phrase prononcée, les participants peuvent continuer l'improvisation dans la nouvelle direction qu'elle a donnée.

Supposons que le thème soit une conférence sur « Les bébés phoques » et que le participant dise : « Nous savons tous ce que vivent les bébés phoques, c'est abominable, suivons Brigitte Bardot dans sa lutte. »
Il tire ensuite le papier n° 9 et le lit : « Renault Service : c'est bien d'être compris ». L'un des participants va enchaîner en disant par exemple : « Oui, même Renault l'a compris et vient de créer un modèle spécial bébé phoque. »
Ils improvisent ainsi jusqu'à épuisement des papiers.

Attention

- Dans une même séance de travail, faire travailler plusieurs groupes avec les mêmes papiers mais sur un thème différent.

L'INTERVIEW 53

ENTRAÎNEMENT POUR

Personnage : Toute construction de personnage ayant une psychologie un peu « particulière » ou complexe.
Andromaque dans *Andromaque* de RACINE.
Jean Valjean dans *Les misérables* de Victor HUGO.
Phèdre dans *Phèdre* de RACINE.
L'infante dans *Le Cid* de CORNEILLE.
Dom Juan dans *Dom Juan* de MOLIÈRE...

Objectifs

– Construction d'un personnage.
– Élaboration du caractère psychologique.

Déroulement

L'un des participants arrive du fond de l'aire de jeu et vient se placer face au groupe, assis sur une chaise posée à l'avant-scène, en composant un personnage de son choix.

Le meneur, jouant le rôle du journaliste, pose de multiples questions, amenant ainsi le personnage à se définir petit à petit et à se « composer », au fur et à mesure des réponses qu'il apporte sur son passé, son métier, ses problèmes sentimentaux, ses avis sur le monde...

Cet exercice doit se faire sans aucune concertation préalable : il est important que le personnage s'invente et se définisse au cours de l'interview. Ni le participant ni le meneur ne doivent préparer le résultat final de cette improvisation.

54 IMPROVISATIONS COLLECTIVES

Objectifs

– Cohésion artistique du groupe.
– Symbiose collective.
– Écoute maximale de ses partenaires.
– Humilité.

Déroulement

L'improvisation collective est, en apparence, d'une grande simplicité : on donne un thème de travail et le groupe improvise !
Bien entendu, cette simplicité cache un difficile parcours de compréhension, d'écoute, de disponibilité…

Il y a dans le travail d'improvisation collective beaucoup de « joyaux » dus à la spontanéité des participants et beaucoup de « déchets » dus à leur précipitation. Nous sommes ici au cœur même de la nécessaire dimension de recherche théâtrale. Il n'y a donc pas lieu de rechercher la performance, mais d'explorer dans la mise en commun des imaginaires des terres vierges à déchiffrer pour le montage d'un futur spectacle.

Voici quatre règles que les auteurs « imposent » et expliquent comme essentielles à leurs participants, dans leur pratique, avant de commencer tout travail d'improvisation collective :

Règle n° 1 : accepter le rapport dominant/dominé.
À un certain moment, je suis le « moteur » de l'improvisation, donc le dominant, mais je dois accepter toutes propositions venant d'un autre participant qui deviendra à son tour le « moteur » du groupe donc le dominant, j'accepte alors de devenir le dominé. En d'autres termes : « ou je guide ou je suis guidé ».

Règle n° 2 : si une proposition est faite elle doit être explorée dans son entier.
Chaque idée, chaque geste proposés doivent atteindre un but, aller jusqu'au bout de leur logique. Cela demande évidemment une grande écoute de tout le groupe.

Règle n° 3 : tendre à créer des tableaux visuels collectifs.

Règle n° 4 :
L'improvisation collective est un jeu dans lequel le « lâcher-prise » doit devenir pour le comédien *un grand plaisir, une extrême jouissance du jeu.*

On peut trouver des thèmes d'improvisations collectives en fonction d'un spectacle précis à monter ou en fonction d'une scène ou d'une situation. On peut aussi se servir de ce travail pour souder un groupe, pour le faire s'interroger « de l'intérieur » sur le processus théâtral ou pour le simple bonheur de créer ensemble un événement qu'aucun public jamais ne verra.

Voici quelques thèmes travaillés régulièrement par les auteurs :
– la création du monde;
– « Je dois être utile à l'autre » ;
– un secret insoutenable;
– naître, aimer, mourir.

On peut aussi choisir des thèmes liés à la mythologie :
– Salomé et saint Jean-Baptiste;
– le roi Midas et le dieu Pan;
– les douze travaux d'Hercule...

CONTROLE/ MÉMORISATION

Le texte peut être la « bête noire » des comédiens : il doit être su parfaitement, pour que l'exécutant puisse aller au-delà, l'interpréter, car là est tout l'art du comédien.
La peur du « trou » peut être paralysante, il est donc indispensable que les participants s'assurent que leur texte est su pour eux-mêmes, mais aussi pour leurs partenaires et qu'ils ont une parfaite connaissance du texte de *toute* la pièce, cela pour la bonne articulation du spectacle (entrées et sorties de scène).
Quand les pratiquer ? Nous conseillons de travailler les exercices qui suivent chaque jour des deux semaines précédant le spectacle.

CONTRÔLE INDIVIDUEL 55

Objectif Assurer le participant de la parfaite mémorisation de son texte.

Déroulement Nous allons travailler cet exercice sur un exemple précis de texte (pour une meilleure compréhension) : *Le jeu de l'amour et du hasard* de Marivaux.

Vous voulez vous assurer et rassurer la comédienne qui joue le rôle de Lisette de la parfaite mémorisation de son texte. Vous allez, au hasard, lui donner un mot, ou un morceau de réplique, elle devra sans réfléchir continuer le texte. Voici un certain nombre d'exemples donnés à titre indicatif (vous pouvez bien entendu varier le nombre des répliques et les répliques elles-mêmes).

1. « *Il faut vous avouer...* ». Elle devra immédiatement vous donner la suite de la réplique : « *Monsieur qu'il en était quelque chose* », puis vous dire à qui s'adresse cette réplique et la situer dans la pièce : acte III, scène 6 (réplique 2). Peut-être ne saura-t-elle pas donner exactement le numéro de la scène mais du moins l'acte.

2. *Monsieur votre père...* » (Acte I, scène 1, réplique 2).

3. « ... *maltraite...* » (Acte II, scène 3, réplique 4).

4. « ... *toilette...* » (Acte I, scène 2, avant-dernière réplique).

5. « ... *consolons-nous...* » (Acte III, scène 6, avant-dernière réplique).

Si les mots que vous dites se trouvent au milieu d'une réplique, le participant devra bien entendu reprendre le texte au début de la réplique et la dire jusqu'à la fin. (exemples 3,4,6).

Il est évident que cet exercice s'adresse à tous les spectacles, à tous les participants du spectacle, y compris les personnages n'ayant que très peu de texte.

Vous pouvez dans un premier temps travailler le texte dans l'ordre des scènes mais il faut très vite faire cet exercice dans le désordre.

Attention

- Exercice à faire chaque jour des deux semaines précédant le spectacle.
- Le meneur ici peut être (et cela multiplie le contrôle) un participant ou les participants du spectacle.

56 CONTRÔLE COLLECTIF

Objectifs

– Assurer les participants de la parfaite mémorisation de leur texte.
– Les assurer de la connaissance du texte de leur partenaire.
– Confiance en son partenaire en ce qui concerne le texte.

Déroulement

Comme pour l'exercice n° 55, nous prendrons un exemple de texte : *Le songe d'une nuit d'été* de William SHAKESPEARE (traduction de F.V. HUGO) mais, bien entendu, cet exercice s'adresse à tous types de spectacles.
Le meneur aura préparé avant la séance un certain nombre de papiers pliés sur lesquels un mot, un morceau de réplique ou une réplique entière seront écrits. Nous ne donnons que quelques exemples mais il faut les multiplier pour que l'exercice soit fait en profondeur et qu'il y ait au moins une réplique par personnage.
En voici dix :
1. « *Quatre jours plongeront bien vite dans la nuit...* » (Hippolyte, acte 1, scène 1, répl. 2).
2. « *Notre reine et ses elfes en ces lieux vont venir...* » (La fée, acte 2, scène 1, répl. 2).
3. « *Allons, escortez-le jusqu'à ma retraite...* » (Titania, acte 3, scène 1, dernière réplique).
4. « *Par notre dame...* » (Lebec, acte 3, scène 1, répl. 6 et Thésée, acte 5, scène 1, dernière réplique avant l'entrée de Puck).
5. « *Donne-la je te prie...* » (Obéron, acte 2, scène 1, avant-dernière réplique).
6. « *... que cette fleur peut contraindre à aimer...* » (Puck, acte 2, scène 2, entrée de Puck).
7. « *... suivons-le donc...* » (Démétrius, acte 4, scène 1, avant-dernière réplique).
8. « *... la pièce n'est pas neuve...* » (Thésée, acte 5, scène 1, répl. 10).
9. « *Et voici que Pyrame revient* » (Démétrius, acte 5, scène 1, répl. juste avant l'entrée de Pyrame).
10. « *C'est l'heure où rôde le lion affamé...* » (Puck, acte 5, scène 1, à son entrée).

Ces papiers seront mélangés. À tour de rôle, chaque participant va venir tirer au hasard un papier. Admettons que le premier tire l'exemple n° 3 :
a) il est l'interprète désigné pour le rôle de Titania. Il devra donc donner la fin de sa réplique.
L'interprète de Bobine, dont une réplique est juste avant, devra se lever et dire son texte et l'interprète d'Obéron, qui entre juste après la réplique de Titania, devra lui aussi se lever et dire son texte, venant donc juste après le morceau écrit sur le papier.
b) il n'est pas l'interprète du rôle de Titania. Il lit en silence ce qui est écrit sur le papier et va le porter à l'interprète du rôle (ceci suppose évidemment que chaque participant ait une idée, la moins vague possible, du texte des autres, ce qui nous semble important dans un travail collectif).
Reprendre en a).

Prolongement

Vous pouvez utiliser cet exercice pour les entrées et les sorties de scènes. Vous noterez dans ce cas sur les papiers les fins des répliques qui articulent les scènes. Là aussi il faut bien entendu multiplier les papiers. On peut imaginer que tous les comédiens forment un cercle au milieu duquel sera le meneur. À la lecture du morceau, les participants devant entrer en scène pénètrent dans le cercle et si certains doivent sortir de scène, ils s'écartent du cercle.

Attention

- Exercice à faire chaque jour des deux semaines précédant le spectacle.
- Chaque participant peut jouer le rôle de meneur.

L'ATELIER D'ÉCRITURE

L'atelier d'écriture a deux fonctions :
– d'une part se servir de l'écriture comme jeu afin, dans la continuité du travail théâtral, d'amener une respiration, une détente et de continuer à imaginer et à vouloir créer ensemble ;
– d'autre part, pour établir ensemble des thèmes d'improvisations ou pour inventer des situations, des dialogues et/ou des personnages fictifs.

Quand le pratiquer ? En règle générale, en fin de séance mais bien souvent, c'est en fonction de la nécessité du moment que ce travail trouve sa place naturelle.

L'AMAIGRISSEMENT 57

16+

Objectifs

- Trouver « l'essentiel » dans un texte.
- Savoir adapter un texte.
- Développement de l'esprit de synthèse.

Déroulement

Le meneur propose un texte assez long, décrivant une situation précise avec personnages, intrigue, dialogues, début, développement et fin. Ce texte peut avoir été écrit par un membre du groupe ou par le groupe dans son entier.
Chacun le lit avec attention et doit en enlever ce qui lui paraît inutile. On arrive ainsi, au bout du compte, à la quintessence du texte, à sa « colonne vertébrale », à son *minimum textuel vital.*

Ardengo Soffici, auteur futuriste italien, avait réduit sur le même principe un long texte sur l'adultère à l'amaigrissement suivant :
LUI : D'où viens-tu ?
ELLE : (silence)
LUI : Je sais tout !
ELLE : Je l'aime !
LUI : (tirant le coup de feu)... Meurs !

Tato Jurado, metteur en scène contemporain, avait donné dans *Bagatelles explosives* une version scénique stupéfiante de ce drame minimal.

EXEMPLES DE TEXTES À CONTRAINTES

Ces textes ont été écrits lors d'un atelier mené avec des enfants de 8 à 12 ans. Les lettres en gras sont les lettres imposées.

PREMIER EXERCICE

Situation imposée : – *lieu*, dans un avion ;
– *personnage :* une hôtesse de l'air.
Lettres imposées : M-P-S-V-U

TEXTE 1
En partance pour Mexico, Joël se sentait un peu fatigué en montant dans l'avion, Anne, l'hôtesse de l'air, le regarda avec insistance. **M**ais pourquoi le regardait-elle ainsi ? **P**arce qu'elle le trouvait beau, ou laid, ou fatigué ? Non, se dit-il, nous nous connaissons, ou nous nous sommes déjà vus... **S**ensuellement, en plus, elle le regardait ! ! **V**ite, vite, il faut que je m'éloigne d'elle.
Ultra génial je change d'avion, je ne pars plus pour Mexico, cette hôtesse me gêne, me fatigue, m'ennuie, et puis je n'ai plus envie d'aller à Mexico.

TEXTE 2
L'hôtesse de l'air d'un superbe avion **m**âchait un bonbon à la fraise d'un **p**ouce de long. Lorsque **s**urgit des cabinets **V**ictor Pitchoun, **u**niforme de pilote à la main, complètement nu au milieu des passagers et riant en regardant l'hôtesse de l'air.

DEUXIÈME EXERCICE

Situation imposée – *lieu :* sur la lune ;
– *personnage :* un extraterrestre en caoutchouc.
Lettres imposées Z-B-I-L-W-D-G-O.

TEXTE 1
EXB4 avait faim. **Z**ébulonnant comme un fou il sautait de **b**ordures de cratères en bordures de cratères. **I**rait-il jusqu'au cratère de la faim où poussaient de belles **l**ibellules appétissantes ? La fatigue se faisait vaguement sentir mais un **w**agon abandonné **d**ans un ravin lui permit de gagner ce havre de paix ou **g**oulûment il mangea les libellules qu'il fit frire.
Ô que c'était bon ! Ô qu'il était heureux ! Rassasié et le ventre enfin plein.

TEXTE 2
Lolo, l'extraterrestre en caoutchouc se demanda : « **Z**ora où est-elle ? Peu **b**anal, et si elle était sur la lune ? **I**magine-toi, Lolo, si ta Zora était là-haut ! ! »
Lolo court, court à travers le cosmos pour rejoindre **W**aponi (c'est le surnom de Zora). **D**ans des situations **g**alantes bien sûr il l'appelait comme cela ou comme **O**scar, car Oscar et Waponi sont des noms employés sur la lune.

Le texte à contrainte 58

Objectifs

– Écriture d'une histoire en commun.
– Disponibilité et écoute.
– Intégration d'une contrainte narrative.

Déroulement

Le meneur propose au groupe d'écrire individuellement une histoire sur un thème commun. Il laisse chaque participant développer cette histoire en fonction des éléments définis au préalable : personnage(s), situation (s), style d'écriture...

Après avoir frappé dans ses mains pour signifier qu'il va intervenir à sa manière dans l'histoire, il donne une lettre que chacun intégrera obligatoirement comme la première du mot suivant celui que l'on vient d'écrire avant l'intervention du meneur. Ainsi, cette contrainte oblige le participant à jongler avec les mots tout en conservant la nécessaire compréhension de son texte.

À la fin de l'exercice, chacun lit son texte. On peut suivre avec intérêt et amusement les « péripéties textuelles » des uns et des autres pour rester dans les « rails » de son histoire. On peut aussi réaliser combien cette contrainte est source d'imagination.

Il existe de nombreuses variantes à ce genre de travail. L'une des plus connues est d'écrire un texte en occultant volontairement une voyelle.

Remarque

Ces exercices d'écriture à contrainte sont fort employés par les membres de l'Oulipo. Parmi les exemples les plus frappants, on trouve *La disparition* de Georges Perec (texte écrit sans jamais employer la voyelle e !). Les *Exercices de style* de Raymond Queneau en sont également un exemple.

THEATRE ET RELAXATION

Ici la relaxation est à envisager dans un but simple et direct : détendre les participants et, à partir de cette détente, remettre en place les énergies dispersées au cours de la séance ou profiter de cet état de relâchement pour proposer des visualisations théâtrales. Bien entendu, nous enlevons ici tout l'aspect thérapeutique de la relaxation, celui-ci étant plus directement lié à la sophrologie (voir bibliographie). Ces exercices trouveront leur place en fin de séance, essentiellement.

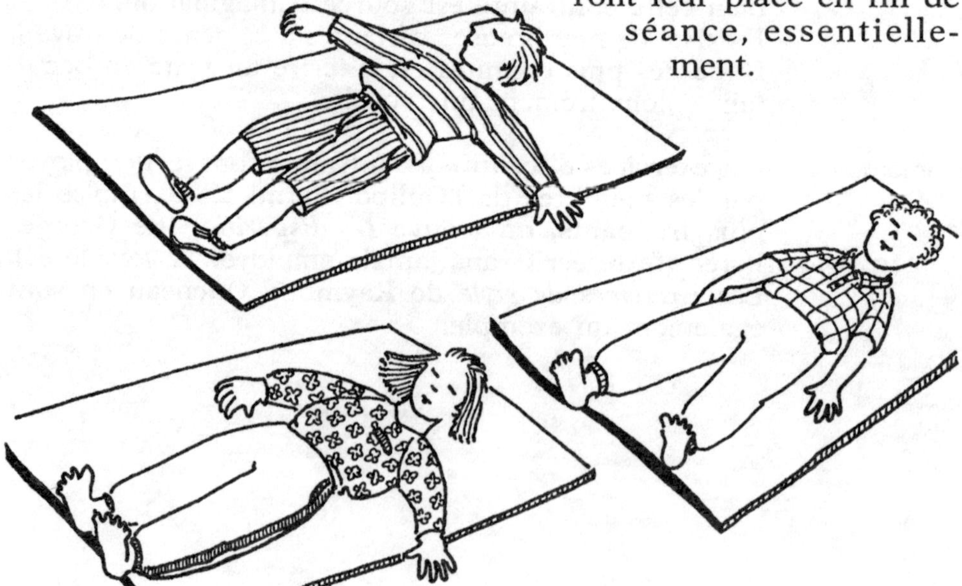

DÉTENTE/LOURDEUR/CHALEUR 59

Objectifs

- Retour au calme.
- Prise de conscience du schéma corporel.
- Relâchement musculaire.

Déroulement

Détente

Après avoir fait allonger les participants au sol sur des tapis ou des couvertures et avoir pris garde à ce que la salle soit suffisamment chauffée, le meneur, d'une voix calme, étale et sûre, relaxe les participants. Ils vont suivre ses indications, les yeux fermés, dans un état visant à la détente et à l'apaisement des tensions mentales et musculaires.

Le meneur demande aux participants de détendre tous les muscles du front jusqu'aux pieds, un à un.

Arrivé aux pieds, il insiste sur une respiration calme, profonde et régulière, aisée (celle-ci peut être abdominale, voir l'exercice « Respiration abdominale », n° 15).

Lourdeur

La détente étant réalisée, il demande aux participants d'imaginer une sensation agréable de lourdeur dans les membres, des pieds jusqu'à la tête (comme si le corps s'enfonçait plus profondément dans le tapis de sol!).

À nouveau, il insiste sur une respiration lente et profonde.

Chaleur

Enfin, dans le prolongement de la lourdeur, on demande aux participants de développer en eux-mêmes une sensation de chaleur ; de commencer par les pieds pour remonter vers la tête en insistant sur l'abdomen et le plexus solaire avec, en phase finale, une sensation brève de fraîcheur sur le front.

La respiration est de plus en plus calme, de plus en plus lente. Le meneur insiste sur les sensations précises et ressenties de bien-être et d'apaisement.

Ensuite, il met en place le retour à l'état de veille : sensation d'éveil des pieds à la tête en comptant par exemple jusqu'à 5 :

1. les pieds et les jambes;

2. le bassin, l'abdomen;
3. le dos, les épaules;
4. les bras, le cou, le visage;
5. « Vous êtes réveillés ! »

Après des mouvements légers des pieds, des mains et des mâchoires (avec des étirements éventuels), les participants ouvrent les yeux dès qu'ils le désirent.

Attention

- Cette technique (pratiquée depuis longtemps par Claude Billard, pionnier de la sophrologie) est un condensé du training autogène de Schultz (bibliographie).
- Si des participants s'endorment, le meneur, tout en s'approchant d'eux, dit d'une voix plus forte, plus ferme : « Je compte jusqu'à 5 et au chiffre 5 vous serez totalement réveillés : un, deux... cinq (lentement mais avec insistance) ; « vous êtes réveillés, parfaitement réveillés ! »
- La relaxation ici citée peut durer entre 10 à 20 minutes.
- Une musique douce et relaxante est ici souhaitable (voir musicographie).

VISUALISATION 60

12/+

Objectifs

– Visualisation active liée au travail théâtral en cours ou à venir.
– Retour au calme.
– Prise de conscience du schéma corporel.
– Relâchement musculaire.

Déroulement

Identique à l'exercice « détente/lourdeur/chaleur » (n° 59) si ce n'est qu'avant le processus d'éveil, on active le travail de relaxation, en profitant de la disponibilité des participants pour mettre en place des visualisations liées au travail théâtral.

On peut, dans ce cadre, faire visualiser aux participants tout ou partie du spectacle à venir, ou bien un personnage particulier (sa démarche, son regard, ses sentiments...) ou encore un espace (s'y projeter par avance).

On peut faire aussi ressentir à l'avance un climat théâtral particulier afin que les participants s'en imprègnent de l'intérieur. On peut, enfin, faire visualiser aux participants le déroulement positif d'une représentation la veille d'une première.

Attention

▶ Cette technique de visualisation, qu'il faut vous approprier au mieux bien sûr, est directement liée aux techniques de sophro-acceptation-progressive de la sophrologie (cf. bibliographie).

ANNEXES

TABLE ALPHABÉTIQUE DES EXERCICES

RÉPERTOIRE DES TEXTES CITÉS
en fonction de l'âge des participants

	– *L'école des femmes*	98		X	X
	– *Le malade imaginaire*	97	X	X	X
	– *Le bourgeois gentilhomme*	61	X	X	X
	– *L'avare*	32, 49		X	X
Ch. Perrault	– *Blanche Neige* (adaptation du conte)	28	X	X	X
J. Prévert	– montage de textes poétiques	63	X	X	X
R. Queneau	– montage de textes poétiques	63	X	X	X
J. Racine	– *Phèdre*	109			X
	– *Andromaque*	109			X
A. Rimbaud	– montage de textes	45			
	« L'éternel déplacé »	91		X	X
J. Rostand	– *Chanteclerc*	32	X	X	X
J.-P. Sartre	– *Huis clos*	71			X
A. de Saint-Exupéry	– *Le petit prince*	70	X	X	X
W. Shakespeare	– *Macbeth*	78			X
	– *Le songe d'une nuit d'été*	114	X	X	X
	– *Roméo et Juliette*	70		X	X
	– *La tempête*	85			X
A. Schnitzler	– *La ronde*	70			X
J. Tardieu	– *Un mot pour un autre*	101		X	X
F. Villon	– montage de textes poétiques	63		X	X
R. Vitrac	– *Victor ou les enfants au pouvoir*	84		X	X
T. Williams	– *Un tramway nommé désir*	81, 84, 98			X

Pensez aussi à favoriser le travail inter-établissements : certains spectacles peuvent être montés en associant des élèves de primaire, de collège et de lycée, par exemple : *Chanteclerc* (Rostand), *Le songe d'une nuit d'été* (Shakespeare), *Le bourgeois gentilhomme* (Molière).
Les indications que nous vous avons données à propos de ces textes correspondent à la vision que nous en avons et sont déjà des « indications » sur un parti pris de mise en scène.

MUSICOGRAPHIE

Musique douces et relaxantes :

Henry Gendrot :	*Musique de relaxation*
	Musique d'harmonisation
	Nova
Dr Raymond Abrezol :	*Musique rotative de détente*
Roland Hollinger :	*Aurora*
Steven Halpern :	*Spectrum Suite*
Michel Saugy :	« Navicula » dans *Océanique*
Éric Serra :	*Le grand bleu*
Keith Jarrett :	*The Köln concert*
René Aubry :	*Steppe*

Voix et orchestrations :

Esther Lamandier :	*Chants chrétiens araméens*
Sœur Marie Queyrouz :	*Chants byzantins*
	Chant traditionnel maronite
Miriam Makeba :	*Sangoma*
Jordi Savall/ Montserrat Figueiras :	*Cant de la Sibilla*
	Tous les matins du monde

Musiques classiques ou contemporaines :

Bach :	*Johannespassion*
	Concertos brandebourgeois, n° 4
Beethoven :	*Sonate « Au clair de lune »*
Rachmaninov :	*2e concerto pour piano*, 2e mouvement
Ravel :	*Daphnis et Chloé*, lever du jour dans la 2e suite
Barber :	*Adagio pour cordes*
Wagner :	« *L'enchantement du vendredi saint* » dans *Parsifal*
Albinoni :	*Adagio pour archet et orgue*
The Harmonic Choir :	*Hearing solar winds*
Dead Can Dance :	*The serpent egg*
	Aion

BIBLIOGRAPHIE

Jeux pour acteurs et non-acteurs, A. Boal, Maspéro, 1983
Théâtre de l'opprimé, A. Boal, Maspéro, 1980
Le théâtre des idées, A. Vitez, 31e message/Gallimard, 1991
L'espace vide, P. Brook, Pierres vives/Le Seuil, 1977
Le diable c'est l'ennui, P. Brook, cahiers n° 4 « Théâtre et éducation », Actes Sud, 1991
Bouffonneries, n° 18/19, « Exercice(s) : le siècle Stanislawski, 1989
Bouffonneries, n° 24/25, Exercice(s) 2 : Leçons de théâtre, 1991
Les grandes aventures du théâtre, G. Leclerc, EFR, 1968
Petit organon pour le théâtre, B. Brecht, L'arche, 1978
Le théâtre, M.-C. Hubert, A. Colin, 1988
Le théâtre, ouvrage collectif, Bordas, 1986
Déclamation, école du mécanisme, P. Gravollet, A. Michel
Guide pratique du training autogène, Dr G. Eberlin, Retz
Guide pratique de la sophrologie, Dr Y. Davrou/Y.-C. Maquet, Retz
La relaxation dynamique, Dr J.-P. Hubert, Centre de sophrologie de Paris
Vers un théâtre pauvre, J. Grotowski, La Cité, 1971
Respirer, parler, chanter, M.-C. Pfauwadel, Le Hameau, 1981
Le théâtre futuriste italien, Théâtre des années 20, G. Lista, La Cité/L'âge d'homme 1976

Achevé d'imprimer le 18 septembre 1992
dans les ateliers de Normandie Roto Impression S.A. 61250 Lonrai
N° d'éditeur : 618 N° d'imprimeur : I2-1985
Dépôt légal : octobre 1992